忘れられない中国滞在エピソード

第1回 受賞作品集

心と心つないだ餃子

伊佐進一・小島康誉 など44人［共著］

段躍中［編］

日本僑報社

推薦の言葉

photo by Duan Yuezhong

元内閣総理大臣

福田康夫

日中平和友好条約締結四十周年記念、第一回「忘れられない中国滞在エピソード」入選作品集のご出版、誠におめでとうございます。

日中両国はこの四十年間にわたり、幅広い分野で交流と協力を重ねてきました。両国関係も中国のめざましい発展に伴い、大きく進化しています。今や中国は世界第二位、日本は第三位の経済力を持つ国であり、両国はアジアひいては世界の平和と繁栄に対し、いっそう大きな責任を果たすことが期待されています。

今年五月には、中国の李克強首相が公賓として、就任以来初めて日本を訪問されました。また十月の安倍晋三首相の中国公式訪問に続き、来年は中国の習近平国家主席の訪日が実現するよう双方が努力を重ねるなど、日中関係は改善の歩みをしっかりと進めています。

両国関係にとってこのような重要な時期に、段躍中さんの日本僑報社が「忘れられない中国滞在エピソード」を広く募集し、一冊の書籍にまとめられたことは特筆すべき功績であり喜ばしく思うものです。

本書は、昨年に開催し好評を博した第一回「忘れられない中国留学エピソード」の拡大版であり、昨年を上回る百二十五作品が寄せられたとうかがっております。入選作品集である本書を手に取ると、そこには昨年以上にさまざまな職業や社会的立場の方が登場されます。政治家、外交官、弁護士、ジャーナリスト、教師、医師、会社員、主婦、現役の留学生や大学生、そしてシニアの方など……。

一つひとつの作品からは、日本の皆さんが中国各地でさまざまな体験をなされ、中国の人々と時に笑い、時に涙し、時に意見を戦わせながらも、それぞれまたとない交流を深められたことがうかがえ、私は非常に胸の熱くなる思いがしました。

このような貴重な体験は何ものにも代えがたい真の相互理解となり、これからの日中関係の発展を支える動力、プラスエネルギーになるに違いないと確信する次第です。そしてそのエピソードの数々が一冊の書籍となり、より多くの皆様と共有できることは、非常に画期的な出来事であると考えます。まさに日中平和友好条約四十周年を記念するにふさわしいプロジェクトであり、このプロジェクトにご参加いただいた全ての皆様に感謝の意を表したいと思います。

昨年の日中国交正常化四十五周年に続く今年は、日中平和友好条約四十周年の節目の年に当たります。中国では「改革開放」政策四十周年の記念の年でもあります。

振り返れば四十年前の一九七八年、私の父・福田赳夫は総理として、来日された中国の鄧小平副総理との間で日中平和友好条約の批准書を交わしました。その父の言葉を借りれば、国交正常化の日中共同声明によって両国間に「吊り橋」が架けられ、日中平和友好条約によってそれが「鉄橋」に架け替えられたのであります。

また私自身も総理在任中の二〇〇八年、胡錦涛国家主席の来日を迎えて日中関係の第四の文書と呼ばれる「『戦略的互恵関係』の包括的推進に関する日中共同声明」を締結し、両国間の懸け橋をそれまで以上に強固なものにできたのではないか、と自負の念を抱くものです。

こうして日中間の懸け橋を多くの人々が渡り続け、今や二国間の貿易総額は約二七〇〇億ドル（二〇一六年）に達しているほか、日本を訪れる中国人観光客は今年、史上最多となる年間約八百万人に上ると見込まれています。

私は、日中間で交わされた「四つの政治文書」の精神を遵守してこそ両国関係の長期的かつ安定的な発展を実現することができると考えます。これは地域ひいては世界の安定と平和、友好に重要な意義があります。日中両国は今後、この基本的な考え方を守りながら、双方にとって利益のある新しい関係を築いていかなければなりません。

ところで先にも述べた通り、日中間の交流はますます活発化していますが、訪日中国人客に比べ、訪中日本人客の伸びは近年ことに理想的とはいえないようです。そこで、この『忘れられない中国滞在エピソード』をぜひとも多くの方に読んでいただきたいと思います。それぞれが記録した驚くべき体験や新たな発見、心震わせる感動の物語をより多くの方に知っていただければ、中国との交流促進に必ずや役立つに違いありません。とくに次世代を担う若者たちに、国境を超えた真のふれあいを伝える本書を強く推薦いたします！　そして本書の読書体験が、まだ訪中したことのない日本の皆さんの中国を訪れるきっかけとなることを期待しております。

日中両国の佳節に当たり、改めて『忘れられない中国滞在エピソード』のご出版をお祝いします。また、この場をお借りして、これまで日中関係発展のために尽力されてこられた全ての皆様に、心から感謝を申し上げます。

本書の刊行が、日本と中国の相互理解促進の一助になりますことを、またご関係の皆様が日中の平和と友好のためにいっそう活躍されますことを祈念して、私の推薦の言葉といたします。

二〇一八年十一月吉日

目次

二等賞

三等賞

特別寄稿

バックパッカーと日中関係

衆議院議員　伊佐進一

高校時代、吉川英治の「三国志」に魅了され、何度も何度も読み返し、いつかこの悠久の黄土に立ってみたいと思ったのが、私の「中国」の始まりでした。

それ以降、大学の第二外国語では中国語を選択し、米国の大学院に留学しても中国の研究をし、そしてやがて北京の大使館で三年間、書記官として働くことになりました。国会議員になった今でも、日中関係の発展のために、微力ながら力を尽くしていこうと思っています。

中国との思い出を語るときには、その多くは、中国人との思い出でもあります。率直で、情に厚くって、普段は素っ気ないのに、友人になると暑苦しいくらいに距離が近くなる中国人の気質は、われわれ関西人にとっては馴染み易さを感じます。

二〇〇一年から、米国の東海岸で中国の研究をしていた私は、机の上の理論ではなく、自らの目で中国を見たい、自らの肌で中国を感じたいとの思いに強烈にとらわれました。そして二〇〇二年、三カ月にもなる長い夏休みの到来とともに、悠久の黄土にまみれてみようと、海を渡りました。

最初の数週間は、北京で語学学校に通いつつ、三カ月間の過ごし方について作戦を練りました。とにかく、都市だけでなく地方も見たい、多様な中国の生活を自ら感じたいと思い、バックパッカーとなって放浪する道を選びました。中国の地図を広げ、北京から香港まで、ぐるっと反時計回りに円を描く。その円の上にある行きたい場所に丸をつけて、電車やバスを乗り継いで、時間の許す限り行けるところまで行ってみる。こんな「緻密」な計画でした。

この思いは、のちに大使館の職員となったときも、変わりませんでした。外交の最前線の北京で、中国政府と

中国奥地の少数民族とともに、踊りを楽しむ

交渉を重ねるだけでは、本当の中国はわからない。この思いで、夫婦でバックパッカーとなって、そこかしこを旅し続けました。

旅の間、様々な出会いがありました。たくさんの中国人から、その「優しさ」と「逞しさ」を学びました。

北京からの普通列車で旅を始めてすぐ、たまたま前に座った年配の女性と話が弾みました。誰も急がない、各駅停車の旅。三時間、四時間と話しこんだところ、ふとしたきっかけで、問題に気付きました。北京で調達したプリペイドの携帯電話の残金が、すでに切れてしまっていて通話ができません。北京ローカルの安い携帯電話だったため、北京でしかチャージできなかったように記憶しています。用意周到の「緻密」な計画で出発したはずが、いきなり最初から、つまずいたのです。

困り果てた私の様子を見て、彼女は言いました。「私の北京の友人から、あなたの携帯番号にチャージしてあげる。百元あれば、旅の間は何とかなるわよね?」。彼女は親切にも北京に連絡をとり、私の携帯にチャージをしてくれました。おかげで旅の間中、携帯を使うことができたのですが、その彼女にお礼を言って百元を渡そうとしました。すると彼女はこう言いました。「そんなの、もらえない。だって、あなたは友人だから」

私は、びっくりしました。いくら三、四時間話したといっても、初対面です。その私を「友人」と言い、しかも百元もの大金をくれようというのです。私が何度百元札を渡そうとしても、彼女は最後まで受け取りませんでした。中国では、一度心が通うと、友人になります。そして、友人が困ったとき、中国人は惜しむことなく助けてくれます。この「優しさ」を気づかされた、旅のスタートでした。何もない荒野をのろのろ走る列車の中、中国人の「優しさ」を感じながら、ゴトゴト揺れる振動に身を任せて思いにふけったことを、いまでも鮮明に覚えています。

「敦煌料理店」のご主人には、本当にお世話になりました。

当時、敦煌には空港もなく、列車やバスを乗り継いでいくしかありません。ようやく、あこがれだった敦煌に到着してガイドブックを開くと、日本語の話せるご主人がいて日本人バックパッカーが集まる料理店があるとのこと。早速その店に足を延ばすと、確かに日本人らしき数人の学生がいて、大皿の料理に箸をつついています。私が日本人であることを主人に告げると大歓迎してくれました。ご主人は、以前、少しだけ日本で働いたことがあり、そのときに優しい日本人に世話になったとのこと。

料理を注文し、久しぶりにいっぱいになったお腹を抱えて会計をしようとすると、予想以上に安いんです。メニューに書いていた値段よりはるかに安いので、間違いではないかとご主人に言ったら、「いや、それでいいんだ」の一点張り。周りに聞いたら、とりわけお金のなさそうな若い日本人には、いつもこうなんだそうです。結局、敦煌滞在中は毎回、法定外（!?）の安さで食事をさせて頂きました。そして旅立つ前夜には、アルコール度数五十三度の白酒を、しこたま頂きました。長旅をするバックパッカーにとって、食費をいかに削るかが大きな課題です。敦煌まで旅してきた私にとって、だいたいどれくらい予算が不足するかが見えてきたところです。節約を心掛けようとしていた矢先に、「敦煌料理店」に出合いました。このご主人に、どれほど元気とエネルギーを頂いたか。

時は流れ、大使館職員となった際、敦煌に出張する機会がありました。その際、せめてご主人に会ってお礼を申し上げようと、かつて「敦煌料理店」のあったところを尋ねました。ところが、影も形もありません。周りのお店に聞いたところ、なんと、私が来るつい数週間前に店をたたんだとのこと。あの思い出の「敦煌料理店」は、もはや記憶の中にしか存在しません。そのときの美しい光景は、いまでも私の中でそのままに凍結され、しずかに息づいています。

四川省の山奥、チベット族がたくさん住む地域をローカルバスで旅したことも、私にとって良い思い出です。おんぼろの乗り合いバスで、また道路が舗装されていないこともあって、上下に左右に大きく揺れながら山道を進んでいきます。停車場なんてありません。突然、乗客の大きな声が響いたかと思うと、バスは急停車、声の主が降りていきます。また、道すがらたたずんでいる人を見つけては、バスはとまり、大きな荷物とともに客人が乗り込んできます。

進むにつれてバスはいっぱいになり、やがて通路に立ったままの人がでてきます。しかしそれでも、大きい荷物とともに乗り込んでくる人たちは後を絶ちません。最後は、まるで日本の通勤ラッシュのようになってしまいました。ゴトゴト揺れながら進むバスの前方には、ヤギを二匹抱えたおじさんがこちらを見つめて、たたずんでいます。すでにバスはギュウギュウ。「これ以上は、絶対にもう入らないだろう」と思った状態でしたが、それでもバスは止まりました。すると、乗客も手慣れたもので、何とか場所を作ってあげようと、みんなで「よいしょっ」と奥のほうに少しずつ自分の身体を押しこんでいきます。そしてついに、乗り込むことに成功した「ヤギおじさん」は、なんと、当然のように一匹のヤギを私のひざの上に、もう一匹を私の隣のおばさんの上に乗せました。私がびっくりして、その隣のおばさんのほうに目をやると、おばさんは当然のように、ヤギをひざの上で抱えています。私は面食らいました。日本の満員電車では、ここまでの譲り合いの精神はありません。生きるためにはともに助け合う、中国人の「逞しさ」を学びました。

中国を旅すると、いろんなハプニングがあります。雲南省大理で、病院に入院したこともありました。新疆ウイグル自治区で、突然結婚式に招待されたこともありました。でも、そんな経験や思い出の積み重ねが、私のいまの「中国観」となっていることは、間違いありません。仕事の上で様々なハプニングや問題があっても、中国人の根底にある「優しさ」や「逞しさ」を信じることができます。

結局、国と国の関係も、そういうことなんだと思います。とりわけ日中関係は、そういうことだと思います。日中関係には、他の二国間関係にはない特殊性があります。それは、国交正常化の夜明け前から、あるいは日中関係が必ずしも良くない時期においてまで、常に、民間交流が主役でした。民間の交流が二国間関係を引っ張ってきました。だからこそ、日中の民間交流は、他の二国間関係にはない重要性を持っています。そしてそれは、一人一人の交流の思い出に他なりません。良いことも悪いことも含めて、中国との交流の思い出、滞在の思い出こそが、一人一人の「中国観」であると同時に、二国間関係の未来だと確信しています。

今後も、バックパッカー精神を忘れることなく、良い面も悪い面も、等身大の中国と向き合い、つきあい、思い出を作り続けていきたいと思います。

伊佐進一（いさしんいち）
財務大臣政務官、衆議院議員（三期連続当選）。東京大学工学部航空宇宙工学科卒。一九九七年より文科省職員。二〇〇三年、米国ジョンズホプキンス大学国際高等問題研究大学院（SAIS）にて、中国研究で修士号取得。二〇〇七年より、在中国日本大使館一等書記官。帰国後、ものづくりや科学技術における日中連携を訴えた『科学技術大国　中国の真実』（講談社新書、二〇一〇年）は大きな評判を呼んだ。二〇一二年より現職。現在は、若手国会議員による超党派の「日中次世代交流委員会」事務局長として、日中関係の発展に力を入れる。

第１回

忘れられない中国滞在エピソード

上位入賞作品

最優秀賞（中国大使賞）　1名

原 麻由美　清華大学留学生

一等賞　5名

中関 令美　大学生

三本 美和　大学生

相曽　圭　高校生

瀬野 清水　元重慶総領事

田中 弘美　日本語教師

二等賞　10名

三等賞　24名

中国大使賞
最優秀賞

世界で一番美味しい食べ物

清華大学留学生　原　麻由美（北京市）

人と人との絆。それは時に国境をも超えることができる、心と心の繋がりである。十年という長い月日の中で、本気で何度もぶつかり合い、そして誰よりも近くで支えてくれた人は、十年前私が一番敬遠していた中国人継父でした。

忘れもしない二〇〇八年の夏、私の人生を大きく変える出来事がありました。私は家庭の事情により、日本の中学校を転校し中国で生活することを余儀なくされたのです。住み慣れた町を離れ、新しい環境、ましてや海外で暮らすことへの不安。大好きな友達、クラスメイトとの突然の別れ。あの頃まだ十二歳の私にとっては状況を整理するだけでも精一杯でした。

そんな時、継父とレストランで初めて会いました。日中ハーフではあるが中国語が全くわからない私と、日本語が全くわからない中国人継父が唯一交わせる言葉は「ニーハオ！」だけでした。私が新しい中学校に通い始めて中国語が少し話せるようになってからは、放課後に中国語を教えてくれたりもしました。当時私は継父を母の友人の一人としか思っていなかったのですが、会う回数が増えるにつれ子供なりに色々と理解していきました。それでも、私はどうしても継父を受け入れることができませんでした。

中国語を勉強し始めて一年が経った頃、私は中国現地の学生のみが通う中学校へと転校しました。毎朝七時半から午後五時半までの授業、放課後には中国語、英語、数学の塾に通い詰め、夜十時にやっと帰宅し、学校の宿題をこなし夜中にやっと眠りにつけるという勉強漬けの日々でした。まだ流暢とは言えない中国語で中国現地の学校に通うということは、自分の想像をはるかに上回るほど厳しく、過酷でした。このような生活をしているのは学校唯一の留学生の私だけではなく、中国の学生達も毎日勉強に明け暮れていました。私は中国の学生達の勉強熱心さに驚かされたと同時に危機感も感じていました。

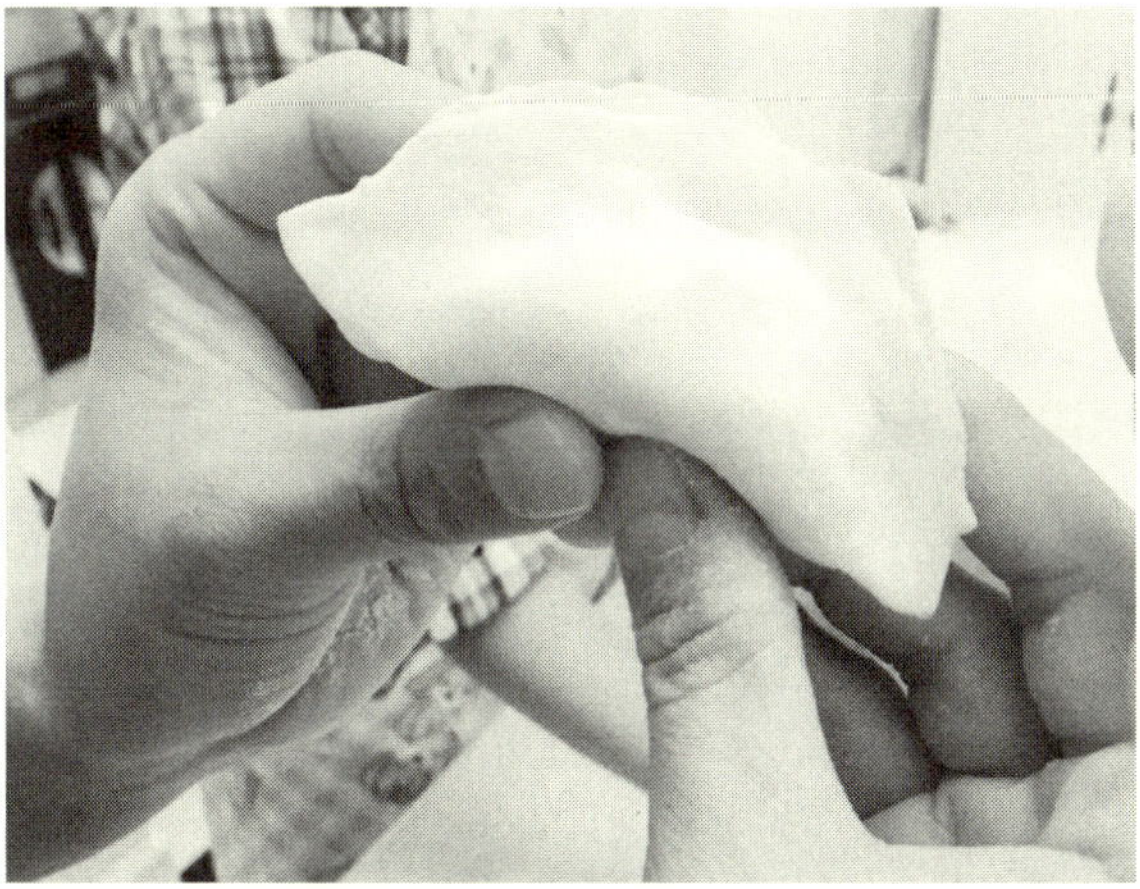

2016年、遼寧省にて家族と餃子作り

私がこんなに頑張って勉強している時に、他のクラスメイトも当たり前のように勉強をしているという現実。当時クラスで成績がビリの私はその現状をなかなか受け止めきれず、成績表が配られる度に家に帰っては泣いていました。「留学生が中国現地の学生と成績を比べる必要はない。ビリで当たり前、ビリでもいいや。頑張ってもずっとビリならもう頑張りたくない」と考えるようになり、家の中でも常にピリピリした状態で家族に接してしまいました。

反抗期真っただ中の私に、継父はいつもより積極的に話しかけてくるようになり、そんな継父を私は鬱陶しく思うようになりました。ぶつかり合うことも増え、心に思ってもいない言葉を言い、継父を沢山傷つけることも日常茶飯事でした。

そのような日々が続いたある日の放課後、いつも通り家に帰ろうとした時、学校の前に見慣れた赤色の車が止まっていました。車に近づいてみると、そこには母ではなく、継父の姿が見えました。とりあえず車に乗り込むと、継父は何も言わずに車を運転し始めました。いつも通り学習塾に向かうのかと思いきや、着いた先は大きな公園でした。そして車から降りるなり継父はこう言いました。「今日は塾を休もう。勉強のことは考えずに、たまにはアイスでも食べながらゆっくりしようか」。一本三元のバニラアイスを片手にベンチに座り、お互い一言も発さずに、ただただひたすら芝生を眺めていました。日も暮れ始めた頃、私達は近くにある餃子屋さんに入り、夕食を食べることにしました。熱々の餃子を口いっぱいに頬張っている時に継父は長い沈黙を破り、優しい言葉をかけてくれました。

「ビリは格好悪いことじゃない、たとえ今成績がビリでも、あなたは確実に進歩している。一年間だけ習った言語で全科目勉強しているあなたと、母国語で勉強してきたクラスメイトの成績は違って当たり前なのだから。クラスメイトを目標に頑張り、過去の自分を超えて、どんどん進歩していけばいい」。その言葉を聞いてから、今まで悩んでいたことが嘘のように、心がスッと軽くなりました。

そして、餃子は中国人にとってとても大切な食べ物だと言うこと、「上車餃子、下車麵」という言葉があるように、餃子には物事や、行く先々が順調であるようにという深い意味があること、私がこれから歩む道が順風満帆であるようにという願いを込めて、今日餃子を一緒に食べたということを、継父は教えてくれました。

当時は照れくさくて言えませんでしたが、私はあの言葉に本当に救われ、今でもあの時の餃子館を、餃子の味を鮮明に覚えています。

餃子を食べ終えた後、継父は少しお茶目な表情で私に、「今日塾を休んだことはお母さんには内緒ね！」と言い、初めて二人だけの秘密ができました。それは私にとってはとても大切な思い出であり、未だにこのことを母には秘密にしています。

それからゆっくりではありますが、どんどん継父を家族として心から受け入れられるようになり、心から尊敬するようになりました。

その年の春節休みに、私は継父に今年の春節は家族みんなで一緒に餃子を作ろうという提案をしました。春節は中国で最も大切な日であり、春節の前日には家族で硬貨が入った餃子を食べます。餃子の中に入っている硬貨の数は家庭によりそれぞれですが、硬貨が入った餃子を食べ当てた人は次の年、運が良くなると言われています。その他にも家族で一緒に団欒《だんらん》して食べる物という風に認識されています。

私が落ち込んで自暴自棄になっている頃に、餃子の

「順風満帆」という意味をプレゼントしてくれた継父に、私は餃子のもう一つの意味、「団結、団欒」をプレゼントしたかったのです。餃子作りを通して、私は血は繋がっていなくても継父のことを本当の家族だと思っているよ、ということを伝えようと思ったのです。

その提案に継父も、私の母もとても喜んでくれました。そして、私の兄も含めた四人で餃子を包み、談笑をしながら、お腹がはち切れそうになるほど餃子をいっぱい食べました。その夜は間違いなくきっと、私と継父と母と兄が本当の意味でちゃんと家族になれた日だと思っています。心からぽかぽかとなるくらい暖かい春節を家族で過ごしたことを私は忘れることはないでしょう。

たとえ国籍が同じではなくても、血が繋がってはいなくても、私のことを本当に心の底から考えてくれ、真摯に向き合い、歩み寄って、支えてくれ、十年にわたる中国留学生活の中で、餃子に負けないくらい熱々の愛情を注いでくれた人は、紛れもなく継父でした。

餃子は太陽となり私の心を照らし、希望を与え、私の中国留学生活を支え、私と継父の間に国境、血縁をも超えた親子の絆をくれたのです。そして国境をも超え、人と人の絆を強くし、心と心を繋げてくれる、世界で一番美味しい食べ物だと、私は思っています。

今年の夏、私は大学を卒業し中国を離れ、日本に帰国します。約十年の時間を中国で過ごした私にとって、中国は第二の母国であり、大好きな国です。長い留学生活を経て、大変なこと、辛いことも沢山ありましたが、それ以上に数えきれないほどの楽しいこと、学べたことがありました。中国現地の中学校、高校、大学で勉強、生活をし、普通の留学生では経験できないようなことも経験することができました。中国の方々とふれあい、中国現地の文化を学べた経験は私の誇りであり、一生の宝物です。中国での素敵な思い出を胸に、中国の魅力、中国の文化をもっと多くの人々に伝えていきたいと思っています。

原 麻由美（はら まゆみ）

二〇〇八年九月中国・東北育才学校国際部入学。二〇〇九年九月遼寧省阜新市第一中学転入学。二〇一一年六月同中学卒業。二〇一一年九月遼寧省阜新市実験高校入学。二〇一二年九月北京第四高校転入学。二〇一四年六月同高校卒業。二〇一四年九月清華大学新聞学部入学。二〇一八年七月同大学卒業。

一等賞

イーファンと私

大学生　中関 令美（東京都）

「南京に行ってくる」。この私の一言が祖父母をいつも以上に心配性にさせた。「南京なんか行くのやめなさい。危ないわよ！」。飛行機のキャンセルを促す祖母。「日本人が南京に行くなんて……」。言葉に詰まる祖父。「大丈夫だよ！　心配しないで」。そう言って祖父母からの反対を押し切って私は南京旅行を決意した。私だって、南京大虐殺のことはもちろん知っていた。心の底で、日本人の私が訪れていいのか、南京の人々にどう思われるのか、と少し不安に思っていたことは否定しない。しかし、大学で仲良くなった南京出身の親友に「南京に遊びにきてよ！　いつでも歓迎よ！」と言われ、「親友の故郷に行ってみたい！」という一心で南京旅行を決めた。

南京の空港での入国審査。あまり意識はしてなくても、なんとなくパスポートは大きく書かれたＪＡＰＡＮの文字が書かれている表紙を裏にして提出した。職員はそんなことを気にするわけもなく、すんなりとひっくり返し、空いているページにスタンプをドン、と押した。こうして私は正式に南京に到着したのである。

空港を出たら親友が笑顔で待っていた。「イーファン！」。大声で彼女の名前を呼び、飛び上がりながらハグをした。「歓迎 歓迎！」。緊張感は一気に吹っ飛んだ。楽しい南京旅行の始まりだ！

空港から彼女の家に行くためにタクシーに乗った。英語と中国語、両方で会話する私たちをルームミラーでチラッとみた運転手さん。「どこから来たの？」。フレンドリーに彼は聞いた。どうしよう。日本って言っていいかな？　韓国って言った方がいいかな。いきなりの質問に私の頭の中は少しパニックだった。でも、イーファンは笑顔で「彼女は日本から来たのよ！　私の親友！」。こう答えてくれた。「日本か！　日本は美味しいラーメンもあるし、全てが綺麗で快適な国だ！　この間大阪に行ってさ～」。運転手さんは嬉しそうに日本の思い出を語

太平天国天王府跡の庭にて

ってくれた。

夜ご飯は行ってみたかった火鍋のお店に連れていってもらった。イーファンの行きつけのお店だ。扉を開けると、少し怖そうな背の高いお兄さんが待っていた。「外国からのお客さんだってな。ようこそ！」。低めの声でしっかりと挨拶をしてくれたお兄さん。上の階の一番大きな個室に案内してくれた。メニューを渡しながら、私に尋ねた。「どちらからいらっしゃったの？」。またこの質問か。どうしよう。勇気を絞って言ってみた。「我是日本人」。お兄さんの反応が怖かった。でも今まで少し怖そうだった彼は笑顔で、「おー、このお店にも日本人がよく来るんだよ！　いつも美味しいって言ってくれるんだ！　ほら、たくさん食べていってね！」。私は嬉しかった。そしてホッとした。日本が好きな南京の人々がいるんだ。日本人だと言っても嫌な顔一つされない。よかった、よかった。

しかし、南京旅行は楽しいことばかりではなかった。最終日、どうしても行きたかった南京大虐殺記念館に行くことになった。「南京のどこに一番行きたい？」とイーファンは初日の夜、私に聞いてくれた。少し間を置いて絞り出した答えは「南京大虐殺記念館」。イーファンは少し戸惑ってしまった。きっと日本人の私を気まずくさせてしまうのでは、と心配したのだろう。でも私は行きたかった。南京大虐殺については中学校の歴史の教科書で数行読んだだけだった。当時の南京についてのことはあまり詳しく書いていなかったし、被害者の証言も聞いたことがない。中国語を学び、中国人の親友をもつ私は、「もっと知りたい」という気持ちが強かった。「南京大虐殺についてもっと知りたいの」。素直に思いを伝えた。「そっか、いいよ！」。イーファンは笑顔で承諾してくれた。

ギラギラの太陽。シーンとした空気。ついに記念館にたどり着いた。入り口にたどり着くまでに並ぶ数々の像。死んだ母親にしがみつく子供。撃たれて横たわっている夫の横で途方にくれる女の人。妻が連れていかれるのを阻止しようと一生懸命手を伸ばしている男の人。五分前まで、くだらない話でゲラゲラ笑っていた私たちは無言になり、イーファンはつぶやいた。「当時の日本軍はひどいわ」。彼女の言葉は私の心の奥底にズキンと刺さった。何も返す言葉がない。ただ無言のまま、入り口に向かった。大都市の南京。いつもは車のクラクションやバイクのエンジンの音が響き渡る。でもなぜか、あの時は何も聞こえなかった。蝉の鳴き声だけが聞こえる。妙な静けさだ。

記念館は暗かった。黒い天井に黒い壁。その中に浮かび上がる犠牲者の写真。壁いっぱいの写真は日本人の私をにらみつけているように感じた。一人ずつゆっくりと読み上げられる犠牲者の名前。寒気がした。そして震えが止まらなくなった。私の異変に気づいたイーファンは「出口に向かってもいいわよ」と気遣ってくれた。でも、私は頭を横に振って、「大丈夫」と返し、さらに奥へと進んだ。

ガラスの下には大量の骨。人間の形をしているものもある。直立不動のもの。もがき苦しんでいるようなもの。助けを求めていたのか。手を伸ばしているもの。ため息も言葉も出ない。「日本の軍はたくさんの南京の人々を殺したのよ」。隣には母親が幼い子供に大虐殺のことを説明していた。ここにいてはいけない。私が日本人ってバレたら……。速やかに次の部屋に進んだ。

記念館を出るまでイーファンはほとんど無言で私についてきてくれた。私も何も話せず、表情もほとんど変えず記念館を回った。そして、外に出たら平和の像が私たちを迎えてくれて、見上げる私に向かってイーファンはこう笑顔で言った。「お腹空いたね！」「え？」。そして私の手を握ってこう言ってくれた。「歴史は変えられない。あの大虐殺が起こったことはもう変えられないわ。でも私たちは国籍は違ってもずっと友達だから！」。今までこらえていた涙が溢れ出した。「ありがとう」

南京はモダンなビルと伝統的な建物で溢れる、賑やかで静かな、色々な魅力をもった街だった。この土地で大虐殺が起こったなんて、想像できないし、信じたくない。でも、イーファンが言っていた通り、「歴史は変えられない」。一九三七年に時間を戻すことはできない。でも私は思う。私たちは歴史から学べる。平和の尊さを。お互いを恨み、敵対心を持ち続けるのではなく、歴史から学び、平和の大切さを心から感じることが大事なのではないか。南京旅行が私にこのことを教えてくれた。

記念館を出た私たちは笑顔で手を取り合い、またくだらないことを話しては笑い、話しては笑い、を繰り返してお昼ご飯を食べに行った。小さな絆から大きな絆は生まれる。日本人の私と中国人のイーファンのような小さな友情がたくさん集まることで、日本と中国はさらなる友好関係を築けるのではないか。空港でイーファンとさようならをした後、私には新たな夢ができた。それは、将来、日本と中国を繋ぐ存在になること。南京での思い出を胸に、私は明日も夢に向かって歩み続ける。

中関 令美（なかぜき れみ）

一九九七年東京都で生まれる。幼い頃から高校生まで父の仕事の関係でアメリカ・ニューヨーク州で育つ。高校では、フランス語と中国語を学び始め、将来は世界を舞台に活躍したいという夢をもち始める。卒業後は慶應義塾大学経済学部とパリ政治学院のダブルディグリープログラムに入学。趣味は語学の勉強、バイオリンを演奏することと旅行をすること。

一等賞

具だくさん餃子の味

大学生　三本 美和（東京都）

私は、二〇一六年九月から、二〇一七年の七月まで上海に留学していた（この文章を書いたのは、帰国二週間前のこと）。留学も終わりを迎えるのでこの機会に、自分の留学生活を振り返ってみようと思う。

　留学してすぐのころは、本当に何も話せなかったのを覚えている。何故そんなことを記憶しているかというと、到着した日に空港で事件が起きたからだ。一人で空港に着いた私は、二〇キロ《グラム》あるスーツケースとこれまた二〇キロ《グラム》近くあるバックパックを背負い、「荷物を誰かに盗られないだろうか」と、周りを警戒しながら歩いていた。トイレを済ませ、リニアモーターカーの座席にやっとの思いでたどり着き、「さて学校は何駅だっけ」と確認しようとしたその時、カバンをトイレに忘れてきてしまったことに気づいた。「終わった」。その中には、入学に必要な書類やカメラなど、大切なものがたくさん入っていた。戻って探し始めたが、トイレの場所を覚えていない。涙が出てくる。見かねた中国人が、何とか私を助けようとするが、〝どんな〟カバンだとか、中に〝ファイル〟が入っているだとか、言いたい単語が私の頭の中には全く入っていなかった。号泣しながら、空港を走り回ったあの時の不甲斐なさが、絶対中国語を習得してやるという思いに繋がった。結局トイレ清掃のおばさんが、落とし物センターに届けてくれていて、私は、初日にして中国人の優しさに触れることができた。

　留学を始めて三カ月ほど経ち、生活にも慣れてきたころに感じたことがあった。それは、「意外と中国人と関わる機会が少ない」ということだ。私が留学したのは、大都市上海。授業は語学学校なので、クラスには留学生しかおらず、放課後も留学生とご飯に行くか、部屋で勉強するというような生活を送っていた。日本で留学を夢見ていた頃の私は、留学とは現地の人の生活に入ることだと考えていた。理想と現実のギャップに、何か違うという感覚に日々悩んでいた。そこで、同じような想いを抱えていた日本人留学生のハルと、「もっとワクワクすることをやりたい」をテーマに中国人と関われるよう何度も作戦を練った。食べ物が好きだから食べ物に関することにしよう、中国人の家に行って家庭を見てみたい、お願いをするだけではなく私たちも日本の文化を伝えたいなど、自分たちの夢を詰め込んだ計画ができた。

　ひねり出して考えたのは、「ヒッチクック」。ヒッチハイクのように、画用紙に「餃子を作りたい」と書いて道行く人に声をかけ、自宅にお邪魔させていただき、一緒に料理をしようというものだった。

2017年、上海市にて

　考えたは良いものの、公園に行くと緊張した。まず、私のミスでペンを忘れてしまい、字が書けないという状況に。「すみません、ペンを貸していただけませんか」。勇気を振り絞って声をかけると、中国人ママは快くペンをくれ、「頑張ってね」と応援してくれた。もらったペンで、できる限り大きな字で「想包饺子（餃子をつくりたい）」と書いた。人通りの多い道で、通り過ぎていく人たちに笑いかける。たくさんの人に見られ、そのたびに趣旨を説明した。多くの人に興味は持ってもらえるが、笑って通り過ぎていくばかりだった。始めて一時間も経たない頃、一人の女性が、私たちのことをじっと見つめていることに気づいた（というより、にらんでいる？）。どうやら興味を持ってもらえたらしい。すかさず、「あなたの家に行って、餃子の作り方を教えて欲しい。中国人の生活を体験したい。もちもちの餃子を食べたい。お願いします」と頼み込んだ。渋る彼女VS熱意有り余る私たち。「ここから家まで一時間かかるよ」「全然問題ない、行きたい」「わたしはそんなに餃子作るの上手くないよ」「大丈夫、きっとおいしいよ」。ついに、彼女から許可が下りた。ごめんね、強引で。

彼女の家は、上海の郊外にあった。彼女とそのご家族が私たちをスーパーに連れて行ってくれて、餃子作りは材料を買うところから始まった。日本には無い大きな野菜や、まだ姿形の分かるような豚肉、生きたまま売っているエビなどに驚く私たち。そんな私たちを不思議そうに見つめるご家族。車の中やスーパーで、彼女たちと学校や友達のことなどの何気ない話をしている時は、本当に彼女たちと家族になったような温かい気持ちになった。

家に着くと、餃子の作り方を丁寧に教えてくれた。生きたエビを「これは新鮮でおいしいのよ。餃子に歯ごたえが出るの」と言って、包丁でザクザク刻む。たくさんある材料の名前や調理方法を一つひとつ教えてくれた。餃子の包み方は、日本の餃子とは少し違い、一見単純な作業だがやってみると意外に難しく、形がなかなか整わない。しかし、彼女はマジックのような手際の良さで気づいたら、五、六個作り終えている。さすが、中国を代表する国民的料理。誰ださっき「餃子作るの上手くない」って言ったのは。上手すぎるよ。

百個くらいは作っただろうか。彼女が分かりやすく教えてくれたこともあって、最後にはうまく餃子を包めるようになっていた。作り終えて、餃子を煮ている間に、炊いてもらったお米で、私たちはおにぎりを作った（本当は味噌汁を作りたかったが、スーパーに味噌が無かったので、売っているものから作れるものを考えた結果）。シーチキンの缶詰にマヨネーズをかけて、のりを巻いた。その日一日の感謝の気持ちを込めて、一生懸命握った。

餃子は最高においしかった。彼女の言う通り、具の触感が良い。皮ももちもちで、箸が止まらないおいしさである。何よりも、一緒に作った餃子を食べていると実感すると幸せでたまらなかった。ずっと笑顔があふれる食卓だった。おにぎりも喜んでもらえて、彼女はしきりに写真を撮っていた。

帰り際に、彼女はこう語ってくれた。その言葉を今でも鮮明に覚えている。「これまで日本に対する印象は正直あまりよくなかった。今日あなたたちを最初に見た時中国人だと思っていた。後で話を聞くとあなたたちが日本人だと分かって、少し怖い顔をしてしまったかもしれない。私はね、南京大虐殺や戦争の歴史を知っていて、その様子は、日本人が中国人を残酷に殺したりしていて、ひどかった。だから、今まで日本人のことを好きにはなれなかったし、日本のものを買おうとも思わなかった。

でも今日あなたたちに出会って、あなたたちは私の考えを完全に変えてくれた。私は中国人でもちろん中国のことを愛しているし、日本人も同じだと思う。でも、お互いに恨みあうのは悲しいことなんだって今日気づけたよ。お互いに歩み寄れたらいいよね。また、うちにおいで。いつでも歓迎するよ」。私は、彼女の言葉を聞きながら、涙が出そうになった。まさか、こんな素敵なことを言われるなんて想像もしていなかった。私たちの何が、彼女の考えを変えたのは分からなかったが、とにかく嬉しかった。私たちが彼女とそのご家族といる時間を幸せだと感じたのと同じように、彼女も感じてくれたのかもしれない。

　彼女とそのご家族との一日は私にとって大切な日になった。感謝してもしきれない。彼女は、私たちが彼女の考えを変えるきっかけとなったといったが、彼女こそ私たちの考えを変えてくれた。

　色んな思いが詰まったあの餃子は、幸せの味だった。あの味を私は忘れることはないだろう。

三本 美和（みつもと みわ）
東京学芸大学教育学部在学。留学中は上海にある華東師範大学に半年は語学生、半年は本科生として学んだ。大学生活で、中国人と関わりが多かったことをきっかけに中国留学を決意。旅行が好きで、中国国内の色々な地域に行った。

一等賞

私を変えた中国滞在

高校生　相曽　圭（静岡県）

ああ　われら　世界を結ぶ子供なり
ああ　われら　世界の津の子供なり

私は四年前、天津日本人学校の小学部を卒業しました。これは、校歌の最後の歌詞です。歌いやすく、リズムが良いこの校歌を、日本に帰国した今でも、ふと口ずさんでいることがあります。

私が中国で暮らすことになった理由は、父の赴任です。父は、家族が中国で生活することに反対でした。その一番の要因は、日本と中国の関係があまり良くないという事でした。通っていた天津日本人学校が、中国人に落書きされたり、ガラスを割られたりしたことがあったことも知りました。だから、中国の生活には、不安な気持ちがありました。もちろんそんな気持ちだけでなく、異文化に触れるという楽しみもありました。力強く、素早い動きで人々を魅了する中国武術、パリパリともちもちの食感が口いっぱいに広がる北京ダック、スーパーの、雛の脚が飛び出ていた卵、数えきれないくらいたくさんの感激や驚き、発見がありました。そんな、初めての中国での生活にも慣れてきたころ、私に大切なことを気づかせてくれた出来事がありました。

私が母と一緒に近くの市場に買い物に行ったときのことです。その日は、休日ということもあり、市場は多くの人でにぎわっていました。また、野菜や果物を届ける荷車やトラックも、多く行き交っていました。私は、母と喋りながら市場をまわっていました。その時、私は会話に夢中で、後ろから大きなトラックが来ていること、そして人々がそれに気づき、道を開けていることに全く気づきませんでした。すると、急に後ろから大きな声が聞こえて、近くにいたおじさんに腕を引っ張られました。一瞬背中がゾクッとしました。突然の出来事に驚きを隠せないでいると、そんな私の横を、スイカをたくさん乗せたトラックが通り過ぎました。私は、その時やっと自

北京の明十三陵で、家族と

分がトラックの邪魔になっていたことに気づきました。そして、周りが見えていなかった自分が恥ずかしくなりました。しかし、その後すぐに、助けてもらっていたのに、思わず怖さを感じてしまった自分自身への恥ずかしさ、そしておじさんへの申し訳なさが私の心の大部分を占めました。ハッとお礼を言っていないことに気づき、慌てておじさんの姿を探しましたが、その時にはもう見当たりませんでした。家に帰り、姉に市場であった出来事について話そうとして、ふと気づきました。「今日、中国人のおじさんに助けてもらった」。私の口から出そうになった言葉に、心がモヤッとしたのです。その言葉が頭の中を駆け巡りました。「中国人のおじさん」「中国人の」。これだと思いました。私はいつの間にか、中国人との間に壁を作ってしまっていたのです。中国と日本はあまり仲が良くない、中国人は日本人のことをあまりよく思っていない、と勝手に決めつけて。私が腕を引っ張られたとき、思わず怖いと感じたのも、これが原因だと思います。突然だったことも一つの理由だと思いますが、大きな理由は、私の中にあった壁だったのです。

　どうやったら壁がなくなるのか考えていたころ、通っていた日本人学校の行事である現地校交流会がありました。それは、現地校の生徒を学校に招待して、一緒にゲームをしたり、歌を歌ったりする会です。私たちのクラスは、めんこやこま、おはじきなど、日本の伝統的な遊びをすることになりました。私は、おはじきの遊び方の説明を担当しました。説明は全て中国語で、私は苦戦しました。原稿づくりから発音練習まで、先生の手を借りながらも、なんとか説明ができるところまでこぎつけました。そうして迎えた交流会当日。正直、自分の説明で本当に理解してもらえるのか不安でいっぱいでした。その不安は案の定的中し、現地校の生徒は、私が説明したとき、困惑した顔をしていました。もういっそのこと原稿を見せてしまおうか、それとも中国語が話せる子を呼んできて、私の代わりに説明してもらおうか、そんな後ろ向きな気持ちが生まれました。その時、現地校の生徒が私に、「こういう事?」「こうやっておはじきを動かすの?」と聞き返してきました。思いがけないことに、びっくりしました。でも、少しでも分かってもらえていたんだと思ったら、すごく嬉しくなりました。そして、何としても自分の力で伝えたいと思いました。私は、身振り手振りも交えて、一生懸命説明しました。そうしたら、現地校の生徒も、ひたむきに私の言葉に耳を傾けてくれました。そして、ついに最後にはみんなで、おはじきで遊ぶことができたのです。現地校の生徒が、にっこり笑って、「謝謝」と言ってくれました。その言葉に、私は目の前がパッと開けた気がしました。これまで感じたことのないすっきりとした気持ちになりました。私はこの時、私の心の中にあった壁を壊すことができたのだと思います。そして、現地校の生徒の笑顔は、壁がなくなったからこそ得ることができた笑顔だったのだと思います。

近年、中国人観光客の増加に伴い、中国に関する様々なニュースを耳にします。中国の空気についてであったり、日本を訪れる人のマナーについてであったり、内容はいろいろです。それらのニュースは事実です。しかし、それらのニュースをただ鵜呑みにして、中国に対して批判的なことを言う事は違うと思います。自分から知ろうとしないこと、関心を持たないこと、諦めようとすること、それらの気持ちが積み重なって、壁ができていくのです。

壁は、自分の意思で高くすることも、広げることもできると思います。その壁は、もしかしたら自分を何かから守ることにつながるかもしれません。しかしそれは、新たな発見にはつながりません。なぜなら、壁の先にある世界を見ることができないからです。壁の先がどうなっているのか、何があるのか分からないのです。私は、中国滞在を通して、壁を壊して、中国の文化のすばらしさ、中国の人々の温かさなどに気づくことができました。この滞在は、私にとってかけがえのない思い出となりました。

　日本と中国が日中平和友好条約を結んでから、今年で四十年です。私はこの「日中平和友好条約」という言葉を、日本に帰国してから学びました。この条約を結ぶまでには、八十五年にもわたる侵略と敵対の歴史があったのです。習った当初、私はその壮絶さに息をのみました。この、「平和」「友好」という言葉には、この八十五年間を生きた人々の様々な思いが込められているはずです。

ああ　われら　世界を結ぶ子供なり
ああ　われら　世界の津の子供なり

　この歌詞には、地球は一つという理想のもと、一人一人が世界の津となり、国際人として活躍していってほしいという思いが込められています。

　日本と中国が、心の中にある壁を越えて、お互いの国の良さをもっと知ることができたら、それこそが、今以上の「平和」「友好」につながると私は信じています。それは、今を生きている私たちだけができることだと思います。きっと私にも、中国に滞在した私にしかできない何かがきっとあるはずです。それを見つけ、日本と中国の関係をもっともっと固く結べるよう、この経験を活かし、活躍していきたい。

　地球は一つ。日本、中国関係なしに助け合える、協力し合える、そんな社会にしたいと思います。

　日本と中国の関係がますます良くなることを願っています。

相曽 圭（あいそ けい）
二〇〇二年生まれ。二〇〇九年浜松市立中ノ町小学校入学。二〇一三年中国天津日本人学校編入。二〇一五年静岡県立浜松西高等学校中等部入学。二〇一八年静岡県浜松西高等学校入学。

一等賞

会って話すことの大切さ

元重慶総領事　瀬野 清水（埼玉県）

私は外国語大学で中国語を学び、卒業後はできることなら中国と関係する職場で働きたいと願っていた。なぜ中国語かといえば、中国に行きたい一心だったからであるが、どうしてそんなに中国に行きたかったのかといえば、高校の図書館でグラフ雑誌を偶然手にしたからだ。

その雑誌は戦時中、日本の従軍カメラマンが撮った日中戦争の写真集であった。軍部による検閲の結果、不許可とされていた写真が解禁されたのを機に特集したものだった。中には中国大陸に侵攻した日本兵が無抵抗の中国人を銃剣や日本刀で殺害している生々しい写真が含まれていて、多感な高校生であった私は大きな衝撃を受けた。日本軍はどうしてあの広大な中国に出かけてまで戦争をしたのだろうか。勝てると思っていたのだろうか。こうして殺されていった若者の親や家族は日本のことをどう思っているだろうか。日本人と中国人は、こんなにも近くにいながらどうして殺し合わないといけなかったのだろうか。

静まり返った放課後の図書館で、次から次へと「はてなマーク」が増殖を続けた。これは自分が中国に行くしかない。何ができるか分からないが、もう二度と戦火を交えることがないように、私にも何かできることがあるはずだと思うようになったのだ。目標が明確になると、なすべきことが見えてくる。それが冒頭の「大学で中国語を学び、中国と関係する職場で働く」という夢への挑戦であった。

結局、私は大阪にあった外国語大学から外務省に入省し、通算して二十五年を中国で過ごすことになった。中国へは三回赴任した。一回目は一九七六年から一九八三年までで、この間に香港、北京、瀋陽、上海などに駐在した。二回目は一九八九年から二〇〇一年まで。この間に広州、北京、上海に駐在。三回目は二〇〇七年から二〇一二年まで、広州と重慶に駐在して定年を迎えた。

園長先生のご一家と。右端が園長先生、右から3人目が「おじいさん」

三度の赴任で北京、上海、広州は二度ずつ勤務したことになる。

広州で「おじいさん」に初めて出会ったのは、二度目の赴任の時だ。

当時の広州は建設ラッシュのただ中で、街はまるで道具箱をひっくり返したような砂埃と喧騒の中にあった。我が家は、妻と、小学二年の長男を頭に小学一年の長女と三歳の次女という五人家族での赴任だった。今のように日本人学校がある訳ではないので、着任早々、小学校と幼稚園探しが始まった。幸い、小学校は培正小学校という創立百年を超す歴史ある現地校に入れて頂けた。最初は言葉が通じないので、長男と長女は一年生の同じクラスに入れてもらい、二人で何とか助け合って学校に通うことになった。

問題は幼稚園である。外国人の子どもを受け入れてもよいという幼稚園があるにはあったものの、そこは全寮制で週末しか家に帰ることが許されておらず、できるだけ手元で育てたいと思う我が家の方針と相いれなかった。途方に暮れていたころ、宿舎となっているホテルのご好意で、ホテル従業員の子弟が通う幼稚園に入れてもらえることになった。慣れない環境で心細がっていた我が子を、先生方は熱心に面倒を見てくださった。中でも、女性の園長先生はことのほか日本人である娘のことを可愛がってくださり、日ならずして幼稚園に通うのをすっかり楽しみにするようになった。

ある日のこと、園長先生が私たち一家をご自宅に招いてくださることになった。そのご家庭は園長先生ご夫妻とそのご両親、それに中学生と高校生くらいの二人の娘さんの六人暮らしだった。二人の娘さんと我が家の三人の子どもはすぐに打ち解けて仲良く遊んでいるのに、園長先生のお父さんとは初対面のご挨拶をしただけで、会話に入ってこようとはしなかった。「おじいさん」というのは園長先生のお父さんのことだ。怖い顔で一人、酒を飲んでいた。「せっかく日本のお客様が来てくれているのだから、お父さんもこちらにいらっしゃいよ」と園長先生に促されてようやく同じテーブルに座った。「あんたは酒が飲めるのか?」とおじいさんがぶっきらぼうに聞き、私は大好きですと答えた。「じゃあ飲め。乾杯だ」と言って注がれたのは火をつけたら燃えるような白酒だった。何度か杯のやり取りをしているうちに、このおじいさんが実は、孫文が設立し、蒋介石が校長、周恩来が政治部副主任という錚々たる顔ぶれで知られる黄埔軍官学校の卒業生であったらしいこと、国民党軍の元幹部として戦争中、上海で日本軍との激しい戦闘に参加したらしいこと、戦後の今も戦友会の会報の編集に携わり、自らも回想録を書いておられることなどが分かってきたが、厳しい表情は変わらず、顔は笑っても目が笑うことはなかった。

中国では、招かれたら招き返すのがしきたりだ。この次は我が家に、とご一家をお招きしたり、広州の花市や灯篭祭り、端午の祭りや中秋など、季節のイベントには私たち一家を誘って下さったりして、その後も家族ぐるみの交流が続いた。そのたびにおじいさんとは酒を酌み交わし、よもやま話をした。そんなある日、おじいさんはしみじみと話し始めた。「実は僕は、日本人が憎くて、憎くて、大嫌いだった。それどころか、上海の戦闘では大勢の戦友が日本軍に殺されて、自分だけが生き残ってしまった。優秀な戦友が亡くなって、なんで僕だけが生き残ったのかと自分を責めながら、日本人に出会ったら必ず戦友の仇を討って、僕も早く戦友のところに行こうとずっと思っていた」という。このおじいさんにとって、我が家族は戦後初めて出会った日本人だった。出会った時の表情が険しく、日本人への憎しみがにじみ出ていたのはそのせいだったのだ。私は何と答えていいものか分からないまま、深くうなずいて聞いていた。

その後も何度か家族で訪ねては、白酒を酌み交わしているうちに、おじいさんはポツリと言った。「あんた方の家族を見ているともう昔の恨みはなくなったよ。日本人もみんなと同じ人間なんだ。中国人と日本人は仲良くつきあえるということがわかったよ」と。私は嬉しかった。そのために私は中国に来たのだから。

おじいさんは二〇〇八年、私たちが三度目の赴任で広州にいる時に八十四歳でこの世を去った。私は取るものもとりあえず葬儀に駆けつけた。葬儀は広州市銀河革命公墓という中国の建設に功労のあった人たちが眠る墓園で、大勢の参列者が別れを惜しんでいた。故人のご一家を代表して参列者にお礼の言葉を述べたのは、出会った当時は中学生だった下のお嬢さんだ。一児の母となって、おじいさんに曾孫の顔を見せられたことが心の慰めだと話していた。

あの時の我が家の幼稚園児は、今では二児の母親に。妹と一緒に培正小学校に通っていた長男も今は二児の父親に。長女は中国系の企業で通訳として勤め、今も中国との関わりを続けている。若いと思っていた私も気がつけば初めて出会った頃のおじいさんの歳になっているが、その後も園長先生やその子どもの世代とは家族ぐるみのお付き合いが続いている。

私が外務省にいた三十七年間は、中国が目覚ましい変貌を遂げた歳月でもあった。日々豊かに発展していく様子を目の当たりにできたことは幸せなことであった。このように高校時代の夢を叶えてくれた外務省には感謝の言葉もない。そして、その間に何と多くの忘れ得ぬ中国の友人と出会えたことだろう。中でも、会って話せばわかり合えることを教えてくれた園長先生のお父さんとの出会いを忘れることができない。

瀬野 清水（せの きよみ）

一九四九年長崎県生まれ。一九七五年外務省に入省。一九七六年から香港中文大学、北京語言学院、遼寧大学で中国語を研修。アジア歴史資料センター資料情報専門官、外務省中国課地域調整官、在重慶総領事、中小機構国際化支援アドバイザー、大阪電気通信大学客員教授などを歴任。現在、日中協会理事、成渝日本経済文化交流協会顧問、アジア・ユーラシア総合研究所客員研究員など。

一等賞

中国と日本の「食べ残し」随想

日本語教師　田中　弘美（山東省）

「食べ残すことが良いことだなんて、とんでもない！」と、日本の年配者たちは思うだろう。かく言う私も、「よそ様のお宅で出されたものは全部食べなさい。残すのは失礼だよ」と躾《しつ》けられて育った日本民族の末裔だ。しかし、八年前、江西省南昌市の大学に日本語教師として赴任した私を出迎えたのは、日本と真逆の食べ残し習慣だった。

私は自ら「カレー親善大使」を名乗り、学生たちを宿舎に招いて、カレーライスを御馳走することにしていた。中国の食材でも日本の家庭の味が再現できるし、私でも絶対失敗しない超お手軽料理だからだ。

それで気付いたことがある。二年生、三年生のグループはきれいに食べてくれるのだが、入学したての一年生の場合、ほとんどの子が少しだけ残すのだ。生まれて初めて食べたカレーの味は口に合わなかったのかとガッカリし、また（せっかく作ったものを残すとは、中国の家庭の躾《しつけ》はどうなっているのか）と、学生たちが育った家庭状況にまで疑念を抱いたものだった。

しかし、食べ残した学生たちに、「カレーは好きじゃないんですか」と聞くと必ず、「いいえ、本当に美味しいです。でも、お腹がいっぱいですから」と返事が返ってくる。（じゃあ、もうちょっと少なく盛り付けたらいいのか）と思い、次回にそうすると、また、ほんの少し残す。

そんな時、三年生のある学生が、「私達三年生は以前の日本人の先生から『日本では全部食べるのがマナーだ』と聞いて知っています。でも、実は中国では少し残すのが礼儀正しいんです。一年生は先生のおもてなしに中国式で精一杯応えたのでしょう」と教えてくれた。のちに一年生たちに聞くと、まさにその通りだった。これで、家庭の躾の行き届いた子ほど、食べ残すことが分かった。しかし、どうして食べ残すことが正しいマナーなのだろう。作った人は、せっかくの心尽くしが無駄になってもの残念ではないのだろうか。

その疑問への答えを、偶然、日本語学科研究室の本棚で発見した。王敏著『謝謝！宮澤賢治』の中のあるエピソード――中国がまだ貧しかった時代の農村での話がそれだ。

2014年江西財経大学の私の宿舎にて、学生たち、日本から訪れた友人とのパーティー

「一品だけの質素な夕食を準備していた家に、子どもの学校の先生が立ち寄った。一緒に食事を、と勧められて断るのも良くない。先生はありがたく席についた。貧しい食事だったが、その家のお母さんは精一杯の料理を先生の皿に盛り、自分は食べなかった。先生はにこやかに談笑し、『ああ、たくさんいただきました。お腹が一杯です』と言って帰っていった。皿の中の料理はほんの少ししか食べられていなかった」

そんな内容だった。（食べ残しが礼儀作法となった背景には、貧しい生活の中で互いに相手を気遣う庶民の思いやりがあったのか！）。私はストンと合点がいって、一気に食べ残しに対する気持ちが好転したのだった。

一方、出されたものは全部食べるという日本人の食習慣を「奇妙な習慣」と断ずる文章も読んだことがある。江戸末期に開国を迫って日本に来たアメリカ人の目に映った日本人の食事法だ。「日本の武士たちは私たち（アメリカ人）に招待され、食事を終えて立ち去る際に、残したお菓子を一様に持参した紙に丁寧に包み、懐に入れて立ち去った。御膳には食べ残しは全くなかった。全員が揃ってそうしたのだ。実に奇異な光景であった」と。

私から見れば、武士たちの振る舞いは非の打ち所がない食事作法に則っている。（これをアメリカ人は「奇妙だ」と思うのか……）と、逆に少し苛立つほどである。料理をすっかり平らげることは、まず、もてなしてくれた人への感謝の表現であり、次に、食べ残しは無駄でもったいないという、資源の限られた日本で形成された合理的な考えに基づくものだ。さらに、家で待つ家族に、「ほら、珍しいものをいただいてきたよ」と紙包みのお菓子を出したら、家の者たちも嬉しい。なぜ、アメリカ人はそんなことも分からないのか、と不快感を覚えるのだ。

しかし、立場を変えれば、中国の大学生たちが私に同様の苛立ちを抱いたとしても全く不思議ではないのだ。一つの社会で一つの習慣が形成されるには、様々な条件や経緯がある。表層を見て、自分の狭い価値観で他民族の習慣や文化を決め付けることは、された側からすれば実に不愉快に相違ない。

これは中国という外国で暮らして私が得た、異文化・異習慣への貴重な視点だった。

二年目の中国生活を迎えた冬休みに、私は劉さんという教え子の故郷の農村を訪ねた。劉さんのお母さんは春節の少し前、山東省の出稼ぎ先から一足早く江西省の村に戻って、私たちを出迎えてくれたのだった。両頬を真っ赤にしたお母さんは、これはビル建設工事現場の寒風に晒されてあかぎれが切れているのだと言った。劉さんも私も言葉に詰まり、返事ができなかった。

劉さん宅のダイニングは玄関の引き戸を開けて入ったすぐのところにあり、土間になっている。私たちはジュースで乾杯し、劉さんの村の話などを楽しみながら、お母さんの心尽くしの辛味の効いた江西料理をいただいていた。が、何かの拍子にふと食卓の足元を見ると、痩せた犬が、つぶらな目をしてジッと私達が食べるのを見上げているではないか。私が思わず「ギョギョ！」と叫ぶと、その犬は少し開いた戸の隙間からそそくさと立ち去った。しかし、またすぐに戻ってくるのだ。劉さんが動ぜず食べ滓の骨を食卓の下に落とすと、大人しそうなその犬はいそいそと食べ始めた。

「こうやって食卓の下に落としておくと、外から犬やら鶏やらが来て全部綺麗に食べてくれるので、無駄になりません」という劉さんの解説を聞いて、（食べかすをテーブルの下に落とす習慣の根拠はこれだったのか！）と、またウーンと唸った。かつて観光旅行で韓国を訪れた際、地元の食堂で、客が食べかすをテーブルの下に捨てるのを見て苦々しく思った経験を持つ私は、今度は、人間だけでなく他の動物との共生をも含めた食習慣の形成について気づかされたのだった。自然の中で人間は動物の命を奪って生きてきたが、生を分かち合う側面も確かにあったのだ。

時代は変わり、中国は今、国内総生産（ＧＤＰ）世界第二位の経済大国である。中国人の生活は豊かになり、もはや相手の生活状況を思いやって満腹を演じなくてもいいし、そっと食べ残す必要もない。

にもかかわらず、中国の各大学の食堂では毎食後、膨大な量の食べ残しが排出されている。決して誰かへの気配りの結果ではないこの現象を、私は、やはり肯定できない。

しかし、翻って現代の日本社会はどうだろう。今から百五十年ほど前、江戸末期の武士が示した潔い完食は今、「もったいない」という言葉とともに多くの家庭から消え去り、スーパーのおかずの残り物やレストランの残飯の多さが時の話題になっている。なんだ、中国も日本も同じじゃないか……。

中日両国の伝統的食習慣は、直面せざるを得ない生活の貧しさの中で懸命に生きる庶民により形成されてきた。しかし、両国の伝統はここに来て急速に消え去り、前途には同じ顔をした「似非《えせ》豊かさ」が口を開けて待ち受けているように見える。これが世界を席捲するグローバリズムの威力なのかも知れない。厳しい環境の下で、共に生きるために発揮してきた人間の智恵が今、伝統的食習慣とともに姿を消そうとしている。

過去・現在をどう見て、どのように未来に立ち向かうのか、両国の民が精神を研ぎ澄ますべき時が来ていると思えてならない。

田中 弘美（たなか ひろみ）
二〇〇五～一〇年近畿中国帰国者支援交流センター日本語講師。二〇一〇～一四年中国江西省江西財経大学日本語学科日本語講師。現在、中国山東省菏澤学院日本語学部日本語講師。

二等賞

返ってこない恩の行方

日本語教師　浦井　智司（北京市）

私は青年海外協力隊日本語教師隊員として赤峰学院とその附属高校に配属され、二〇一三年七月から二〇一五年六月までの二年間を中国内モンゴル自治区赤峰市という「北京からもっとも近い草原」を売りにしている街で過ごした。北京に近いと言っても、なかなかの田舎町で、日本人はおろか外国人にすら滅多に出会わない地域だった。面倒をみてくれる予定だった先生も夏季休暇で故郷に帰っており、派遣されてからしばらくは、右も左も中国語もろくに分からないまま、一人ぼっちでの生活を余儀なくされた。そのため、生活用品を買いたいが店の場所も分からない、バスの乗り場は分かるが降り場が分からない、というような状況が続いた。今ならスマホで自由に調べられるのだろうが、支給された公用携帯は電話とわずかなテキストメッセージができるだけの小さな物だった。

ある日その電話が鳴り、恐る恐る出ると、「今晩、浦井先生に会わせたい人がいるから一緒にご飯でもどうですか」と食事の誘いだった。電話が誰からか分からぬまま、アパートの門まで出てみると、赴任当日に開かれた歓迎会で会った男性教師が笑顔で手を振っていた。車に乗り込み、レストランに到着すると、そこには、背の高い男性が先に座って私を待っていた。男性はトクト、と自己紹介をした後、赤峰学院日本留学生会の現会長であると男性教員から説明が加えられた。

この日以降、私には度々知らない番号から電話が掛かり、食事に誘われることが増えた。そのたいていはトクト先生が同席していたが、徐々に知らない人ばかりの食事会に呼ばれたり、知らない人同士の結婚式に呼ばれたりすることが増え始めた。誘われた場へ行くと、必ず日本語を話せる人が隣に座ってくれるといった配慮はあったが、その場の半数は日本語が分からない、先生の友人たちだった。「これはどうやら、日本人が珍しい赤峰市

父と弟が遊びに来た時、トクト先生との食事の様子

という土地柄から、パンダのような扱いを受けているのでは」と私が感じるようになるまでにそう時間はかからなかったように思う。いつしか、食事の最初に笑顔で挨拶はするが、その後は分からない中国語で続けられる会話をＢＧＭに目の前のご飯を黙々と食べるようになってしまった。

この頃には既に夏休みも終わり、日本語の授業が始まっていた。私は附属高校では高校三年生の週に一回の授業と、赤峰学院では一年生から三年生の会話の授業を担当していた。どのクラスでも慣れてくると学生たちから、週末に山登りといった赤峰市特有のレジャーに誘われることが出てきた。日本では学生が教師を遊びに誘う光景は見られないし、学生とプライベートな時間を過ごすことに抵抗を感じる人も少なくないだろう。しかし、学生たちは各クラスの中の、さらにまた小さなグループでそれぞれ私を誘ってくれた。私はこうした一種の課外授業でこそ本当の日本語によるコミュニケーション能力が育まれると感じ、誘いに応じていた。そんな中、確か初めて学生と食事をすることになったのは二〇一三年時の大学一年生とだったように記憶している。高校で三年間日本語を勉強した学生が、クラスメートの一部に声を掛け、学校近くのレストランに集まった。

食事のあとの談笑も終え、お金を払おうと店員に近付くと、要らないというジェスチャーをされた。不思議に思っていると、学生たちがニコニコしながら「行きましょう。行きましょう」と私をレストランの外へ導いた。訳を聞くと、「中国では、先生と一緒にご飯を食べる時、学生がお金を払います」と学生の一人が説明してくれた。日本では考えられなかったが、それがこの国の文化であると言われると納得をせざるを得ない。と、良いように書いたが、当時の私は深くまでは考えていなかったかもしれない。

青年海外協力隊で中国に派遣されている隊員たちは年に二度北京に集まって、活動報告会を行う、ボランティア総会が開かれる。総会時に先輩隊員との何気ない雑談の中で、私の体験した急に食事に誘われることや、学生にお金を払ってもらったことなどを話した。すると、先輩隊員は「中国は急な誘いが多いよね。でも、断らずに参加することは大切だと思う。学生がお金を出すことも日本人にとっては抵抗あるよね。でも、聞いた話だけど、そういう食事会に甘えて、財布を出す素振りさえ見せないようになった日本語教師がいて、最後にはその日本語教師は、払われるのが当然と思っている、と周りに思われて、食事に呼ばれなくなったそうだから気を付けてね」と注意をしてくれた。私はこの時初めて、教師との食事と、学生との食事とを別の物だと考えていたことに気付いた。そして、今までの自分の食事終わりの行動を思い返し、恥ずかしくなり、居ても立ってもいられなくなった。トクト先生をはじめ、その他先生たちとの食事では一度もお金を出そうと思ったことすら無かったことに気付いたからだ。「唯一の日本人だし、特別扱いをされる外国人だし、誘われているし、パンダだし……」などといった特殊な環境から、待遇されるべき人間であると間違った解釈が生じ、自分に言い訳をしていた。その環境に甘んじていたことを恥じた。

赤峰市へ戻った私は、すぐにトクト先生に連絡を入れた。「先生、今まで申し訳ありませんでした。今日お時間があればぜひ私に晩御飯をごちそうさせていただけませんか」とショートメッセージを入れると、「時間は空いています。よろしくお願いします」と返事がすぐに返ってきた。レストランに着くとトクト先生とその家族が一緒だった。私は今までの反省の意を伝え、今日はご馳走させてほしいと改めて申し出た。トクト先生は、まずその申し出を断り、話し始めた。

「僕は浦井君とご飯を一緒に食べて、お金を払ってもらうわけにはいかない。僕が日本に留学していた時、周りの日本人がそうしなかったように。日本で留学していた時、僕は本当に毎日たくさんの日本人に助けてもらった。外国での生活で苦しかったとき、優しく声を掛けてくれた日本人に恩返しがしたかった。でも当時の僕はお金が無かったから何もできなかった。だから今、僕たちは恩返しができて嬉しいと思っている。浦井君が不安や困難のない素敵な赤峰生活を過ごしてほしいと思っている。もし、浦井君にも恩返しがしたいという気持ちがあるなら、日本に帰ってから、同じように困っている外国人を助けてあげてくれれば、それでいい。今まで浦井君と食事をした人もみんなそう思っている。安心して良い。これは、日本で留学した僕たちにとっての恩返しなんだから。学生もきっと中国に来てくれた歓迎の気持ちからだから、大丈夫。学生たちに次はこの話をしてみるといいかもしれないね」

あれから五年、今は縁あって北京で中国の日本語教育に携わる仕事に就いている。日本人留学生や日本語学科の中国人学生、青年海外協力隊の後輩たちと会う機会も多く、トクト先生の話を思い出し、先生たちからの恩を次に繋げられるようにと思っている。これもまたいつか別の誰かに渡ってくれると私も嬉しい。鶴や地蔵といった異種間の恩返しとはまた違う、「異国間、それも恩を受けていない人に恩を返す」という表現は今でも私の人生の教訓となっている。こうした、国を越えて、世代を越えて、恩が行き交う関係がこれからも続いてほしい。

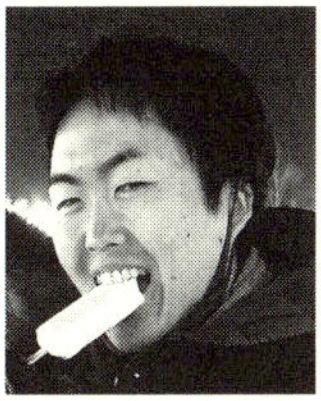

浦井 智司（うらい さとし）

大学を卒業後、二〇一一～一三年までをタイの公立高校で、二〇一三～一五年までを青年海外協力隊として中国内モンゴル自治区赤峰市赤峰学院で、それぞれ二年間、日本語教師を勤める。その後、京都外国語大学にて修士号を取得し、二〇一七年より独立行政法人国際交流基金日本語専門家として北京日本文化センターへ派遣される。赤峰市で得られた経験を活かし、中国国内の日本語教育事業に従事している。

二等賞

鼻歌

大学生　青木　玲奈（千葉県）

中国と日本はよく似ているなと思う。人々の見た目も似ているし、文化も似ている。八カ月香港で生活を送っていてもカルチャーショックはほとんどなく、中国人の学生と一緒にいても、文化の違いを理由に気まずく思うことは一度もなかった。だからこそ、時たま感じる些細な日常の一部の違いが、大きな違いとして私の胸にひしひしと迫りくる時がある。

北京をふらりと訪れた五月のある日、中国人の親友は私を圓明園へ連れて行ってくれた。本来は避暑地として使われていたらしく、大きな池があり、日陰も多い。それでも青々と茂る木の葉の間を縫って、陽の光はじりじりと肌を刺した。

汗を拭きながら歩いていると小さな石造りの建物が見えてきた。公園に内設された展示場である。そこから風に乗って伸びやかな歌声が聞こえて、私は足を止めた。若い男性の声だった。私は音楽関連の展示場であると思い、透明のカーテンをそっと押し、中に入った。

中は思ったよりも小さく、ひんやりとしていた。平日だったせいか、客はほとんどおらず、若い男性が一人立っていた。私たちが入っても別に気にしていないようだった。彼は私の方をちらりと一瞥すると、そのまま、のびのびと歌を歌い続けた。その時、私は、彼は警備員であること、そして展示は音楽とは何の関係もないことにやっと気が付いた。彼は私が展示品を見ている間も気持ちよさそうに歌を歌い続け、私が出ていっても遠くまでその歌声は聞こえてきた。

展示場を出てから、私と友人は、また歩き始めた。彼女は日頃から、よく鼻歌を歌いながら歩いていた。その日も微笑みながら、何かの歌を口ずさんでいた。その時の彼女はとても幸せそうだった。風がさわさわと木々を揺らし、彼女の歌声と重なった。私は少し昔、彼女にした質問を思い出した。

2017年、北京、圓明園にて友人と

“Why are you always singing?”（どうしていつも歌を歌っているの？）

彼女はにっこり笑って答えた。

“Why not?”

その時、多分彼女はそれ以外の答えは見つからなかったのかもしれない。気持ちよさそうに鼻歌を歌うことは、きっと彼女にとって当たり前のことだったのだ。むしろ黙々と音もなく歩く私が不思議に見えたこともあるのかもしれない。質問をしたその時は、彼女の答えの意味が、わかったような、わからないような、曖昧な気持ちだったけれど。

圓明園に行ったあの日、私は身をもって答えを知った。確かに暑い日であったけれど、本当に気持ちがいい日であったから。何も特別なことは起きていないのに、とても幸せだと思えたから。よく晴れた北京の空が、その幸せを思い切り受け止めて、悪いことなんて何もないと教えてくれているみたいだった。

私もそっと鼻歌を歌った。周りの人も歌っているのだから問題にはならないだろうと思ったのだ。頭に浮かんだ歌を口に出してみた。当時私が歌うことのできた唯一の中国語の歌だった。その時の私の感情を表す言葉があるとしたら「解放感」の一言に尽きるかもしれない。自分の心を自然の中で解き放つのがあんなに気持ちの良いことであったのか、あんなに幸せな気分であったのか、二十年間閉じ込めてきたものが一気に堰を切って流れたようだった。

その時、以前のある日に中国語の授業で課された作文のテーマを思い出した。〝幸福的生活是什么?〟。悩んで悩んでやっと書き上げたことは覚えているのに、何を書いたのか、どうしても思い出すことはできなかった。何不自由なく育てられて、自分が不幸ではないことは分かっているのに、自分にとって幸福とは何であるか分かっていなかった。

しかし、圓明園にいた時、私は自分がものすごく幸せであることに気が付いた。気持ちの良い天気、それだけで生きていて良かったと思える天気、そして隣を歩く私の親友。半年たってやっとやっと北京で再会した私の親友が自分の隣で幸せそうに一緒に歩いてくれること。その幸せを初めて心から享受した気がした。そして、その時なら、自分なりの〝幸福的生活〟の答えを書けるように感じた。それからは、幸福な時に、歌いたいときに、歌を口ずさみ、幸せを全身で享受するようになっていった。自分は幸せであると思うようになっていた。

日本への帰国後、日本人の静かさに驚いた。当然誰も鼻歌は歌わなかった。鼻歌交じりに仕事をする警備員など、いるわけがなかった。誰も彼も、いい天気の日に、何事もなかったように道を歩いていく。私も以前はそうだったのだ。そのことに疑問を抱くことはなかったし、むしろ鼻歌を歌うことに気後れを感じていたのだ。しかし、今は歌わずにはいられない。「天気が良い」という一見何でもないことが幸せに感じるようになったから。家族から「鼻歌、いい年なんだから、そろそろやめたらどうなの?」と言われたこともある。そのたびに反省しつつも、その数秒後もう鼻歌を歌っている。やめられない理由は簡単だ。あまりにも気持ちがいいから、そして心から幸せを感じるからだ。

日本人の感情を表にあまり出さない文化にも良い面はたくさんある。特に負の感情を出さない側面は、日本人らしく、平和的で、奥ゆかしさを感じられるから、とても好きだ。仕事に私情を持ち込まないところも、勤勉な日本人らしい。その一方で、もっと幸せな顔をすればいいのに、とも思うようになった。思い切り小さな幸せをかみしめてもいいのに、と思う。中国の人々の明るい笑顔が、そして幸せそうな鼻歌が、ごちゃごちゃした街や美しい公園で聞こえてくる。貧しくても、うまくいかないことがあっても、力強く生きていく。どこにいても目の前の小さな幸せを思い切り享受する。そんな中国文化が今日も日本人の私を幸せにする。

青木 玲奈（あおき れいな）
一九九七年生まれ。二〇一五年立教大学異文化コミュニケーション学部異文化コミュニケーション学科入学。二〇一九年同学卒業予定。

二等賞

お膳文化と円卓文化

会社員　浅井　稔（東京都）

「え？　Cさん、今朝に続いてまた人数変更ですか？　それが会見一時間前になって今更十四人と言われても。八人部屋の応接室しか確保していませんし、さすがに今からの変更は難しいです。何とか人数を絞れませんか？」

「浅井さん、たった今、人数が変更になったので、なんとかお願いします。それでは十八時に現地でお会いしましょう！　あ、それとこちら側はトップのA書記が来られなくなり、参加者のトップはB副区長になりました。これから打合せに入りますのでこれで失礼します。では！　ガチャ」

「ええ!?　ちょ、ちょっと待って下さい。ツー、ツー」

二〇〇二〜〇四年半ば頃、私は勤務先の会社の中国事業関連部署にて、中国事業関連の企画業務や進出先の開発区等との渉外業務を担当していた。当時は、二〇〇一年の中国のWTO加盟を契機に日系企業の中国進出が相次いだ時期であった。そのため、中国各地の経済開発区は企業誘致を目的に競って日本各地で投資説明会を開催しており、関係先の方々も大ミッションを組んで度々来日していた。そうした機会に行うこちら側の上層部への表敬訪問のアレンジ等も私の担当であり、先方の窓口のCさんとの間でこの様なやり取りが何度となく繰り返されていた。

Cさんは仕事もスピーディーで日本語も堪能。ただ、どうも何か基本的な感覚が噛み合わず、私は正直辟易していた。こちらは毎度先方の出席者名から、役職、人数の確認、自社の上層部の出席調整や挨拶原稿に至るまで念入りに準備しているにもかかわらず、これらが毎度の如く突然空しくひっくり返ってしまうのだ。私はその度にこちらの事情をCさんに説明し、先方も一応理解は示すのだが、結局は目立った改善は見られない。そのため、いつしか私は、「大は小を兼ねる」で、会場は常にかなり大きめの部屋を用意し、茶菓子やノベルティに至るまで先方が十名と言ったら一応二十名分といった具合に万事余裕を持ってアレンジするようになっていた。そのため、逆に急に出席者が減った場合、だだっ広い応接室の半分程の席しか埋まらないというケースもあった。

話はさかのぼるが、私は学生時代（一九九〇～九三年）から中国をバックパッカーとして放浪したり、中国現地での学生討論会の企画、更には香港（香港中文大学）への交換留学等々、現在ほど中国自体が身近でなかった当時にあって、積極的に中国と関わりを持ち続けていた。前述の業務に就くまで仕事上での絡みはあまり無かったものの、自分としてはそれなりの中国通であるとの自負（過信？）があった。

しかし、残念ながら前述のような経験の繰り返しにより、どうも仕事で接する中国人は、自分が親しく接してきた中国人とはどこかが違うと感じるようになってしまっていた。無論、ビジネス交渉、殊に国際間交渉においては「エゴとエゴのぶつかりあい」の側面もあり、必ずしもきれい事では済まないことも当時の私も理解はしていた。だからこそ、単なる友人付き合いだけでは垣間見る事が難しい中国、中国人の姿をその真剣勝負を通じてより深く理解したいという思いに駆られて転職した事情もあった。けれども、その私が現実としてどうしても理解できないのは、そのビジネス交渉の場ではなく、それ以前のビジネス社交の場での先方の対応なのだ。ひょっとして「一般的な中国人」とは、社交の場でさえ、あくまで自己主張を貫く唯我独尊の人々なのであろうか？　そんな疑念さえ持つようになってしまっていた。

ところが二〇〇四年のある日、このような疑念を一瞬にして消し去る忘れられない出来事が起こった。話は前後するが、私はその頃、ふとした縁である中国人女性（杭州市出身）と知り合い、トントン拍子に結婚に至っていた。彼女（妻）は、中国の大学で日本語を学び、その後十年近い日本在住経験を持ついわゆる「日本通の中国人」であった。そしてその忘れられない出来事とは、同年五月の中国での結婚披露宴の際の体験のことである。

当時、妻も私も日本に住んでいたため、披露宴の準備は何から何まで妻の両親にお任せであり、我々は披露宴の直前に中国入りした。そしていよいよ披露宴を二日後に控えた晩に義理の母とこんなやりとりがあった。

「ところでお義母さん、披露宴の出席者とか席のアレンジ等、どんな感じでしょうか？」

「そうね～。全ての出欠まで把握できてないけれど、まあ百～百二十人ぐらいかな？　でも出席連絡のあった人については親戚席と来賓席で大体振り分けてあるし、まああなたが心配しなくて大丈夫！」

「はい、わかりました。宜しくお願いします。（でも百～百二十人って、そんな大雑把なことで大丈夫かな？）」

2014年5月、結婚披露宴（杭州にて）

そして披露宴当日、私は一抹の不安を感じつつもいざ会場へ。想定よりも明らかに出席者は多かったが、皆なぜか何の混乱もなくスムーズに並べられた円卓に吸い込まれていく。よく見てみると、宴会スタッフが予め余裕を持って配置された円卓にどんどん追加の椅子を差し込んでいる。そもそも中国人は初対面の人との会話も特に苦にしない傾向にあるし。また席札もないので、予め出席連絡をしていなかった出席者達も、空席さえあれば知り合いがいない卓にも躊躇なく着席しているようだ。では料理は？と言えば、考えてみれば中華料理は基本的に大皿の取り分け方式。それも食べきれない量が用意されており、ある程度の食材と酒類を追加すれば十分調整が利くというカラクリ。事前の出欠確認も完璧に行い、更に一人ひとりの座席まで予め細かく決められ、料理も各人にフルコースで配膳される日本式披露宴とは明らかに別次元のものだった。

この光景を前にして初めてハッと気づいた。自分はこれまで勝手に中国通を自負してきたが、結局のところ、細やかで抜け漏れはないが適応力に劣る日本の「お膳文化」の観点からしか物事を見てこなかっただけではないのか？　だからあのような人数変更も、単に先方のわがままとしか解釈できなかったのだ。大雑把で多少の抜け漏れはあるも、予め万事に余裕を持ち、状況変化への柔軟性に富む「円卓文化」に慣れ親しんだ中国人には、人数の少々の（?）変更による負の影響等、いくら説明されても実感が湧かないのも無理からぬことだったのだ。な～んだ、そうだったのか。それまでのわだかまりがすっと消え失せ、初めて中国人の感覚を実感できた気がした。その数カ月後、私は上海に赴任、初の中国生活が始まったが、この経験こそが最高の事前研修となったことは言うまでもない。

　いかなる民族にも永きにわたり育んだ伝統文化、それに根差した思考と行動様式がある。そして異なるそれらが出会った時に、各々の意識の底に沈んだ「常識」にのみ頼って思考してしまうと思わぬ誤解や溝が生まれる。まさに以前の私がそうであったように。よって、本当に異文化を理解するためには、それが容易ではない（真に相手の立場に立ち、様々な事象を眺めることは極めて難しい）という現実をまず深く認識することが重要だ。その上でたとえ理解不能な事象に遭遇しても、自身の知見を超えた何らかの背景が必ずあるはずと考える。そして、その背景が自身の中で腹落ちする日まで相手の文化への探求心、少々の忍耐、そして敬意を忘れずに付き合う。これこそが異文化理解に最も大切なことだと思う。日中両国は一衣帯水の隣国で種々の共通点も多く、時に「相手にもきっと解るはず」という甘えの関係も生じやすい傾向にある。だからこそ、互いに「似て非なる存在」として謙虚に向き合うことこそ、より良い関係構築に向けて日中双方が共有すべき普遍的な基本姿勢であると信じている。

浅井 稔（あさい みのる）
一九六八年東京生まれ。一九九三年慶應義塾大学経済学部卒。一九九〇年日中学生会議に参加し訪中（北京、上海）。一九九〇～九一年香港中文大学に交換留学。卒業後、㈱神戸製鋼所で海外プラント営業に従事。二〇〇二年より㈱ブリヂストン勤務。中国事業企画業務に従事後、二〇〇四～〇七年に同社中国統括会社（上海）駐在。二〇一〇～一三年同社ロシア販売会社（モスクワ）駐在、二〇一五年より中国向け販売企画業務に従事。

二等賞

先生の授業はつまらないです

中華食堂勤務　佐藤 彩乃（東京都）

中国に住んでいた二年間のうち、半年だけ専門学校で日本語を教えていたことがある。私は大学で日本語教師の課程を修了していたし、お小遣い稼ぎにもなるかなと思い、軽い気持ちで引き受けた。私が住んでいたのが安徽省の合肥市、その専門学校は合肥市の真ん中からバスに乗って一時間くらいのところにあった。水曜日に授業を集中して入れてもらい、水曜日は専門学校の日となった。さて、ここで私の忘れられない中国がいくつか登場する。まずは、朝、教師用の送迎バスに乗る前に朝ごはんとして買っていた、砂糖のまぶしてある甘いおにぎりだ。中の具はしょっぱい系で、いくつか準備されている具から自分で選ぶのだが、最後の仕上げに甘い砂糖をまぶしてくれるのだ。これには私の中のおにぎり＝しょっぱいという概念が完全に崩された。外の甘いお米が中のしょっぱい具と混ざり合って丁度いいハーモニーを奏でる。その上すごくおいしい。この甘いおにぎりのお店はどこにでもあるものではなく、私の知っている限りではここにしかない。歩行街に行くときなど注意して探してみたがやはり見当たらない。だから甘いおにぎりは水曜日、専門学校に行く教師用送迎バスに乗る前に食べられる貴重な食べ物なのだ。この甘いおにぎりが毎水曜日の私のひそかな楽しみだった。

専門学校はすごく田舎にポツンとあり、私に実家の徳島を思い起こさせた。木々や草が生い茂っていて、自然に囲まれている。学生たちも田舎育ちの素朴感あふれる感じだった。そもそも外国人が珍しいらしく、私は目立っていた。みんなとても親切で食堂のおじさんは私にだけおかずを一種類多く入れてくれるというサービスぶりだった。私は中国の食堂で出てくるジャガイモとナスの煮物や、野菜炒めなどの家庭料理が大好きだったので素直に嬉しかった。

さて、専門学校の日本語教師を軽い気持ちで引き受け

2013年、安徽城市管理職業学院の学生たちと

た私だが、これまでにマンツーマン、もしくは学生が八人までの教室で日本語を教えたことはあったが、この専門学校のように一クラス五十人前後という人数を教えたことはなかった。あえていうなら大学生のとき教育実習で四十人のクラスを教えたことがあるが、外国人相手に大人数クラスを教えるのはこれが初めてだ。しかも私はこの田舎の専門学校初の日本人教師ということだった。安徽省自体に日本人は多くないし、その中でも田舎の学校なのでこれまで日本人教師を呼びたくても呼べなかったそうだ。この状況は私にとってかなりのプレッシャーだった。初めて外国人の先生が来るとなると学生たちも期待しているに違いないし、普段よりやる気にもなっているかもしれない。そんなところにお小遣い稼ぎ気分で引き受けた経験の浅い私が行くのだ。初授業の前に、職員室で渡された教科書に目を通しながら、私の頭は真っ白だった。そもそも人前で話すのが苦手なのだ。この苦手克服のために教員免許を取得したといってもいい。

そして始まった初授業は、教科書に沿って問題を解いていくだけのつまらないものとなった。つまらない授業なのに、中国人の先生から絶対に寝るなと釘をさされているのか、学生たちは一生懸命聞こうとしている。私は初の日本人先生が私で申し訳ない気持ちと、もうこの場から逃げ出してしまいたい気持ちでいっぱいになった。自分が学生の側でもこんなつまらない授業は聞きたくない。サボるか、寝るかのどちらかだ。だんだん学生たちだけではなくて、日本にいる日本人のみなさんにも申し訳なくなってきた。こんなつまらない授業をしていると、日本人はつまらない民族だと中国の学生たちに思われるのではないかと心配になってきたのだ。ああ、ごめんなさい、次回からはもう少しましな授業になるように努力しますと心の中で思いながら、初授業を終えた。

そして教材を片付けているとき、一番前に座っていた学生の一人が前に進み出てきて小声で「先生、ちょっといいですか」と言ってきた。この男子学生が廊下に出るのをついていくと、彼は周りに他の学生がいないのを確かめてから、「先生、先生の授業はつまらないです」と言ったのだ。このとき私は胸にズーンと重い衝撃を受けた。日本の教育実習でつまらない授業をしたときも、こんな風に真正面から批判されたことはなかった。真正面からの批判というのは慣れていない者にはかなりきつい。私みたいにのんびりと生きてきた者には相当きつい。授業がつまらないと言われたのだが、あなたはつまらない人間だと言われたような気がして、被害妄想はどんどん広がっていった。この、なんだか胸に鉛をつけたような感覚は、この後しばらくの間、私の心に居残り続けた。

さらに彼はこう続けた。「先生は日本人だから教科書はやらなくていいと思います。日本人先生にしかできないことをやってください」。私はこのとき鉛で重くなった心で、この男子学生の真剣さを感じた。そう、彼らは真剣に日本語を学ぼうとしているのだ。ようやく巡り合えた日本人教師の私から多くのものを吸収したいと思っている。誰も私がお小遣い稼ぎのために軽い気持ちでやってきたなどとは思っていないのだ。私は、このときになってやっと小遣い稼ぎ気分を恥じるとともに、自分は彼らの先生として真剣に授業に取り組まなければならないことを悟った。

この日から、私は授業準備に精力的に取り組んだ。文法などの説明は中国人先生に任せ、日本人の自分だからこそできることを考えた。それにはやはり日本文化がはずせないと思った。年中行事などをパワーポイントを使って紹介したり、普遍的なテーマを一つ選んで、日本と中国の考え方の違いなどを話し合った。面白かったのが「結婚相手の条件」というテーマのときに、ほとんどの女子学生が、家、車、金と答えたことだ。私は田舎の素朴な学生たちからそんな現実的な答えが返ってくるとは思っていなかったので、苦笑してしまった。何はともあれ、努力のかいもあって、クラスの雰囲気は徐々に良くなり、先生の授業つまらないですと言われることもなくなった。一日目の授業であの男子学生の苦言がなければ、最後までつまらない授業をしてしまったかもしれない。だから、あのときの彼にはすごく感謝している。

さて、中国に住んだ二年間で私はかなり強く、または図々しくなったと思う。中国人学生の真剣な態度と衝撃的な発言に自分を変えざるを得なかっただけではなく、本当にいろいろなことがあった。中国という国は強くないと生き残れないし、そういう強さの中にも親切心や優しさがあるのが中国だと思った。私はあのあと教師という職業は自分には向かないと思い、きっぱりとやめてしまった。現在は中国人の経営する中華食堂で働いている。中華料理は私が中国で生活する上での大事なモチベーションの一つとなっていた。そんな大好きな本場の中華料理を日本で広めるお手伝いができていることは嬉しい。お店に日本人は私だけという環境なので、日本語のあまり上手でない同僚のサポートや通訳をさせてもらっている。もちろんホールの仕事や皿洗いもする。毎日、本場の中華のまかないが食べられることが何よりの原動力だ。今後の人生の中で自分と中国の縁がどんな風な関わりを見せるのか分からないが、これからもずっと中国と関わっていきたい、中華料理だけでなく中国の良いところをどんどん広めていきたいと思っている。

佐藤彩乃（さとう あやの）
二〇一一年高知大学人文学部を卒業、中国安徽大学留学。二〇一二年安徽省桜花国際日本語学校勤務。二〇一三年安徽城市管理職業学院勤務。二〇一三年FUNDACION COLOMBO JAPONESA勤務。二〇一六年五月から松源株式会社 八福食堂勤務。

二等賞

私を変えた北京の夏

大学生　秋山　ひな子（神奈川県）

二〇一六年八月、私は初めて北京を訪れた。

大学一年生のとき、"OVAL JAPAN - Our Vision for Asian Leadership"という国際ビジネスコンテスト運営団体の北京大会に参加するため初めて大陸にやってきた。

十日ほどの滞在で外に出て観光したのは数日だけだったが、私が目にした中国は今まで知っていたわずかながらの私の知識の中の中国とは大きく異なっていた。

とにかく、とてつもなく大きくて人もたくさんいた。そして一番衝撃だったのが、中国ってまだ発展途中なのかという気付きだった。

ニュースの報道で中国はＩＴが発展していて、日本よりも進んでいると認知していたし、私自身も北京は中国の首都できっと東京と変わらない景色なんだろうとどこかで想像していたのかもしれない。私が観光した日は、あいにく空気汚染がひどい日だった。そのせいもあるだろうが、まるで五十年前の日本のように感じた。

また驚きだったのが、中国人が案外優しいことだった。タクシーに乗った時、私が日本人であることに興味を示して話しかけてくれたり、現地で知り合った中国人の友達がいろいろサポートしてくれたり、嫌な思いは一度もしなかった。

北京から帰国して、数日なにか忘れ物をしたかのような心に穴が開いたような感覚だった。北京での写真を見返しては、あの刺激的な十日間を懐かしみ現状に物足りなさを感じていた。

大学の留学申請締め切りまで残り二週間になった頃、よし留学先を北京にしよう！と決めた。

正直すごく迷った。中国語は大学入学後、第二外国語として勉強し始めて、資格なども受けたことすらなかった。

そんな語学力で、北京の本科に混ざって勉強し、学位も取るなんてできるのか不安だった。でも、やっぱり北

2016年夏、天安門前にて。見渡す限りの空、中国の土地の広さに感動

京に戻りたい、あの刺激的な環境にもっと浸りたい、中国を自分の目でもっとみて知りたいという、病みつきになったような感覚が、不安をはるかに上回った。

そして、二〇一六年十二月北京大学国際関係学院への双学位留学の切符を手に入れた。

私は、今まで苦労のない人生を歩んできた。幼稚園から高校までの一貫校に通い、高校ではオーストラリアに留学し、親が敷いてくれたレールをひたすら歩いてきただけだった。だからこそ、大学受験は自分の実力で希望のところに行って自分の興味のある分野を探して、学問に専念したいと思った。第一志望は、少し都心から離れたカトリックの大学で、そのアメリカンスタイルな自由さと大学の学問レベルの高さに惹かれていた。しかし、大学受験は望み通りには行かず、結局第二志望の早稲田大学の国際教養学部に入学した。初めは不本意で入学した早稲田だったが、今は早稲田で良かったと心から思う。ある意味、こんなに中国と縁が深くて留学制度が整っている早稲田に入学していなかったら、きっと中国に関心もなかっただろうし、留学することもなかったのだろうなと思うと、早稲田への入学は、私の中国への興味を持つきっかけを与えてくれたのだと思う。

北京に来てからの日々は、想像通り毎日刺激に溢れていた。ある人が私に、北京の三カ月の変化は通常の一年の変化のスピードだと言ったが、まさにその通りだった。大学内は、常にどこか工事中で時間とともに変化が目に見てとれた。北京の流動性は速く、感動を覚えた。それから、なんと言ってもＩＴの急速な発展とともに日常生活において日本より断然便利に感じることが多い。日本では現金主義だった私にとって、オンライン決算やオンラインショッピング、割り勘などの機能は画期的だった。

ただ同時に不便さも覚えた。携帯一つで何でもできる環境ということは、同時に携帯が使えないと何もできないということを意味する。私の使っているＳＩＭカードの問題なのか結構頻繁にネットへの接続が途切れ、そうすると会計の時に決済できず苛立ちを覚える時が度々ある。それから中国に来てから、中国人のスマートフォンへの依存度の高さに驚いた。WeChatでの会話を始めると、中国人の返信はすぐに返ってくる。日本人の感覚からしたら半日返信が来ないのは当たり前で、中国人からしたらそれはあまりにも遅いのだった。

そんな異文化での生活も早くも半年が過ぎ、春休みに日本に一時帰国してから北京の大学寮に戻った時には、家に帰ってきたような安堵感を感じるくらいまでには、中国の生活が当たり前になっていた。この半年を経て、中国人との交流、ボランティア活動、会社訪問、大学での授業や日常生活などで様々な経験をし、中国への理解は随分と深まったと思う。そして、私のＳＮＳやブログを通じて中国への関心を高めてくれる周りの人も増えたように思える。しかし同時に、私が中国に来て危機感を覚えたのは、日本人の海外への関心の薄さだった。中国人は自国をはじめとして、日本やその他外国の情報に敏感で関心が高いように思う。そして日本人が思っている以上に日本が好きあるいは関心を持っている中国人が多いのだ。日本人が知っている爆買いだけでなく、日本文化や言語、礼儀など様々な分野で関心を持っている。一方日本人はどうだろうか？

少なくとも私の知る限り中国に関心を持つ人は限られている、そして溢れかえる中国関連のニュースを見ていたとしても未だに、中国はすごいよねと他人事でしか感じていない人があまりにも多いと感じる。これはとても恐ろしいことだと思う。

今や中国の方が発展しているのにもかかわらず、日本に絶えず関心を持ち、来日する中国人が大勢いる中、日本人は隣の大国を俯瞰的に見て実際に中国を知ろうとする人が少なすぎる。そんな現状が続いたら日本は将来世界で張り合える権利も威厳も失ってしまう。そんな現状に対する日本の若者の危機感も壊滅的に低いと感じる。

　中国の存在は、日本にとって今も昔も無視できないものだ。日中関係の改善は今後の日本社会にとって大きな鍵となるだろう。そうした中で、これから社会の中核になる若者はもっと中国に対する関心を高めるべきであると思う。私個人が社会全体に与える影響はわずかなものだが、私自身が周りの人に影響を与えて、それが連鎖的に広まっていけばいいと思う。

　たった半年ほどの中国生活で多くを学んだ。留学も残り若干四カ月になり、今何を思うか。

　やはり、将来は日本を拠点に対外的に仕事をして、中国と今後も関わりを持ち続けたいと思う。そして残りわずかな留学生活の中で、より具体的にその軸に沿って自分が活躍できる職業を見つけていきたい。

（二〇一八年二月記）

秋山ひな子（あきやま ひなこ）

神奈川県出身。幼稚園から高校まで横浜の私立一貫校に通う。中学高校時代三度オーストラリア・メルボルンに語学留学を経験、二〇一六年早稲田大学国際教養学部に入学。大学一年の夏に訪れた北京の魅力に取り憑かれ中国留学を決意。二〇一七年九月から一年間北京大学国際関係学院にて双学位留学。二〇一八年七月帰国。

二等賞

素敵な矛盾

フリーランス翻訳者　大友　実香（千葉県）

当時、私はちょうど上級クラスに上がったばかりだった。駐在員である夫よりも少し早く家を出て、学校へと向かう日々。現地の大学が設けている留学生コースに通い、世界各国から来たクラスメイトとともに中国語を学んでいた。上海に引っ越すと同時に中国語の勉強を開始したのは二〇一五年秋のことだ。それから一年半が経ち、語学レベルはというと、日常生活において不便を感じることはほとんど無くなっていた。

上海に移り住んですぐに中国語の勉強を始めた理由は二つある。まず、「言葉が通じないと何もできない」ということを実感したからだ。身振り手振りで店員に話しかけるが、探しているものは伝わらない。中国語が話せないとわかると、時間の無駄だと判断したのか、視線をそらし去っていってしまう人もいた。丁寧に話しかけてくれる人にも時折出会ったが、「ワタシハワカリマセン」とジェスチャーし、逃げるようにその場を後にした。目の前にいる人が伝えたいことを理解したい。そして、私のことも理解してもらいたい……。言葉――中国語が絶対に必要だと感じた瞬間だった。

もうひとつの理由は、小さな孤独感を埋めるためだ。私は、夫とともに上海で生活するため、大学卒業以降十年続けた仕事に別れを告げてきた。当時三十三歳、私にとって非常に大きな決断だった。無論、自分で決めたことなので後悔はない。しかし、十年間「仕事」という場で走り続けてきた私にとって、その「居場所」がなくなることはとてつもなく大きな変化だった。分かりやすく言うと、誇れるものが無いのだ。

「自分が前へ進んでいることを実感する」――ビザの関係で就労できない所謂「駐在妻」の私にとって、それが実現できるのは語学の勉強だけだった。小さな孤独感を埋めてくれる唯一のものが、中国語だったのだ。そのため私は、前へ進むこと、レベルアップすることに執着

留学生コースの卒業式典で生徒代表スピーチを担当。約300人の前でのスピーチは緊張したが、「中国語で何かを伝えること」がようやくできた気がした

するように、毎日必死になって勉強した。

上海には一人「心友」がいた。友達と呼んでいいのか、はたまたそう呼ぶと失礼になるのか、私は「緑さん」と下の名前で呼んでいた。夫同士が同じ職場で、緑さんも私と同じく、夫婦で上海に引っ越してきた。上海在住歴は私よりも二年長く、年齢も一回り上のため、何でも知っているお姉さんのような存在だった。

彼女は人と会話するとき、とても丁寧に話す人だった。相手が誰であろうといつも笑顔で、心をこめて話す人だった。その穏やかで真っすぐな話し方には彼女の内側にあるものが映し出されており、いつも私を温かな気持ちにさせてくれた。私はそんな緑さんが大好きだった。

ある日、緑さんから「ちょっと日本語に訳してくれない？」とメールがあった。ことの経緯はこうだ。

緑さんの隣人に王さんという七十歳ぐらいの中国人女性がいて、時折緑さんを訪ねてきては中国のお菓子や果物をくれるそうだ。王さんは緑さんのことをとても気にかけているようで、言葉のキャッチボールはできないが、いつも温かな眼差しで緑さんに微笑みかける。そう、緑さんは中国語がほとんど話せないのだ。そのため、王さんとの「会話」はいつも簡単なジェスチャーとアイコンタクトだった。

日本に一時帰国していた緑さんが久しぶりに上海に戻った日、お土産を持って王さんを訪ねた。が、出てきたのは家族だった。老人ホームに引っ越した——簡単な中国語をつなぎ合わせ、これだけは理解できた。

後日、王さんの家族が訪ねてきた。渡された紙袋の中には、お菓子とともに一通の手紙が入っていた。王さんが書いたものだとすぐにわかったが……。

そこで、私に翻訳を依頼したのだ。

携帯電話で撮られた手紙の写真はすぐに送られてきた。ファイルを開いた私は、文字の量に驚いた。便箋には流れるような中国語がびっしりと並べられ、その量は三枚にもわたった。私は腕をまくった。

何時間かかっただろうか。私はこの「翻訳ミッション」をどうしても完遂させたかった。この翻訳で証明したいことが二つあったからだ。ひとつは、「生きた中国語」を訳すことで、自分の語学力が向上したことを証明したかった。もうひとつは、中国語を学ぶことに対する証明だ。「語学を習得しない限り、人には何も伝えられない。自分が知ることもできない。この手紙だってそうじゃないか——」。私がこの地で中国語の勉強を始め、その後、一心不乱になってやってきた「理由」が正しかったことを、証明したかったのだ。

ついに全ての内容を訳し終えた。おかしな日本語がないか、最後に全文を読み返した。

手紙には、老人ホームでの生活や最近娘と行った旅行のこと、美味しそうなお菓子を見つけて緑さんの分も買ったことなどが丁寧に書かれていた。ひとつひとつの言葉からは、まるで母が娘に語りかけているかのような柔らかな温もりが伝わってきた。「ああ、王さんもきっと緑さんのことが大好きなんだな」と、なんだか嬉しくなった。そして、緑さんが王さんのことを気にかけ、心配していることも、王さんは十分に理解しているのだなと、手紙を読みながら実感した。二人の心の距離は、こんなにも近いものだったのだ。たとえ言葉が通じなくても、思いを込めて相手と向き合えば、気持ちは伝わる——この手紙は私にそう教えてくれた。

その瞬間、私はある矛盾に気がついた。相手を理解するため、自分の気持ちを知ってもらうため、中国語の勉強を必死に続けてきた。その思いがあったからこそ、ここまで頑張ってこられたのだ。そして、ようやくそのレベルまで到達したときに見えた答えは「言葉は必要ない」――私の中で、明らかな矛盾だった。

ただ、私はこの矛盾に腹を立てることも、疑問に思うこともなかった。素直にこの矛盾を受け入れた。なぜなら、私が人生で初めて出会った「素敵な矛盾」だったからだ。

「中国語はレベルが全てだ」。もしあの手紙に出合わなければ、私は今でもこう思っているだろう。あの頃の私は、単語を山のように覚え、難しい本を読み、スムーズに会話をする、それが中国語の全てであり、外国語のあるべき姿だと思っていた。しかし、それは違っていた。言語はあくまで会話をする「手段」であり、大切なことはその「言葉」にどれだけ気持ちが込められているか、ということを知った。もちろん、中国語を学ぶ身としては、自らの語学レベルを少しでも上げたいのは本音である。しかしながら、レベルの「高さ」ばかりに気を取られ、目の前の人を見る心、相手を知る気持ちを置いていくことは、言葉がただの道具になってしまうことを意味する。あの「発見」があってからは、中国語がまた違ったものに見えてきて、勉強にも新しい楽しみが芽生えた。とても大切なことを教えてくれた緑さんと王さんには、心から感謝している。手紙の内容はもちろん緑さんに伝えた。彼女の嬉しそうな表情を見て、私の中に今までとは違う誇らしさを感じた。

それから一年の月日が流れ、二〇一八年の桜が咲く季節に日本へ帰任となった。言葉という乗り物に気持ちを乗せて人に何かを伝える――その素晴らしさを、私は中国で学んだ。この経験が今、翻訳業への挑戦というかたちで、新たな夢につながっている。自分に足りないもの、やらなければならないことは山のようにあるが、この手でどのような道を描いていけるか、これからが楽しみでもある。

そして、いつかまた中国語が「素敵な矛盾」を運んできてくれることを、ひそかに期待している私がいる。

大友 実香（おおとも みか）

一九八二年生まれ。大阪府出身。近畿大学法学部卒。「食べること」に関わる仕事がしたいという思いから、大学卒業後は食品メーカーに入社。営業部に所属し、大阪、名古屋、東京で経験を積む。三十三歳のとき、結婚と同時に中国に移住。二年半を上海で過ごす。現地の大学では、語学以外に歴史や文化、少数民族など様々な角度から中国という国の奥深さを学ぶ。二〇一八年春、日本に帰国。同年十月よりフリーランス翻訳者として活動。

二等賞

頭《こうべ》を上げて月を眺め、頭を垂れて鄧コーチを想う

医師　大岡 令奈（東京都）

「床前名月光」で始まる李白の「静夜思」は私が生まれて初めて習った中国の絶句です。それを教えてくれたのは鄧先生。上海で私に水泳をコーチしてくれた向明中学の教師です。水泳はもとより、鄧先生からは人生の糧となる人としての姿勢を学びました。感謝の気持ちを込めてそれを紹介したいと思います。

プレッシャーなし

中国との関わりが始まったのは私が二歳のとき。父の上海駐在がきっかけです。九〇年代初期は上海でも外国人の子供が安心して泳げる施設は限られていました。日本人駐在員が使用できた唯一の室内プールが花園飯店にある二十五メートルプール。そこに、我々と同じマンションに住む一歳年上のナッチャンが鄧先生をお呼びして水泳を習っており、私も彼女と一緒に習い始めたのがきっかけです。先生は教練の資格を持つコーチですが、ご自身はプールには入らず常にプールサイドからの指導でした。

ただし、その指導が絶妙であったことは私が成人した今になって一層感じるところで、鄧先生ならではという妙技が多々ありました。そのひとつは四歳の頃のこと。今でもその情景は覚えています。鄧先生のもとで浮力補助をつけて練習を開始してから半年ほどを経て、いよいよ道具をつけずに泳ぐことになったときでした。大人用で足が立たないホテルのプールゆえ、浮力補助なしで泳ぐのを躊躇《ちゅうちょ》する私。手を離す勇気が出ずにいつまでもプール脇にへばりついている私の前で、先生はおもむろに自分のズボンのポケットから自宅の鍵束を取り出して何かいじり始めました。そうしているうちに、思わず鍵をプールに落としてしまったのです。「哎呀，怎么办！令奈是否能给我帮个忙？（わー、困った！　どうしよう。令奈、助けてくれるかい？）」。当時、現地上海の宋慶鈴

幼稚園に通っていた私は、中国語がある程度わかるようになっていました。困った表情の先生を見て、私が思わずプールに潜ったのは言うまでもありません。プールの底から鍵を拾い、水面に浮かんで、片手でプールの壁につかまりながら、手をいっぱいに伸ばして先生に鍵を渡しました。そんな私に先生は目を細めて大喜びで「谢谢，大冈令奈　你很棒！（ありがとう、大岡令奈はすごい！）」とほめてくれました。気が付くと浮力補助なしで水の中に浮かぶことができている私がいました。

花園飯店プールでの練習風景（鄧先生撮影）

　先生のこの「鍵落とし」作戦に対し、見学していた母はもちろん、事の真意をわかっていたようですが、私は当時全く気づいていませんでした。それから数年後、同じプールで新しい小さい生徒に対して先生が例の鍵落としをしているのを目撃し、先生の作戦をようやく理解したというわけです。力づくではなく、プレッシャーを与えずに人を動かすことの妙技を学ぶ機会でした。

厳しさ共存の深い教育観

　また、先生の練習は決して楽ではありませんでした。いったんプールに入ったらレッスン中に水から上がることは許されません。練習時間は初期の頃は一時間で、四種目ができるようになってからは一時間半でしたが、泳ぐ距離は増え続けても、プール壁につかまって深呼吸をしたら、またすぐ泳ぐというルールは徹底されていました。お陰で目標があるとき「楽」からは何も生まれないということを体得できたと思います。それに加え、鄧先生はプールに通う往復の交通手段について、私の母に、ある日提案をしたのです。母の記憶によると、それは次のような内容のものでした。「令奈のお母さん、ひとつ提案があります。今自宅から花園飯店のプールまでの往復は車での送迎ですね。外国人ゆえ慣れた運転手による送迎が安心だということは承知していますが、御一家も上海に来て一年以上過ぎ、かなり慣れてきたでしょう。所要時間は多少かかりますが、これから公共バスでの往復を検討してはいかがでしょうか？　バスの中で令奈は上海の人々を垣間見ることができ、令奈の中国理解にもつながります。そして何よりも令奈の水泳レッスンの準備運動として最適だと思いますよ」

鄧先生の教育的提案に賛同した母は、私の父にも相談の上、バスで通うことにしたそうです。それから週に一度九一一路線の黄色の二階建てバスが私のプールへの交通手段となりました。押し合いへし合いの状況を母も心配したようですが、それは思い過ごしでした。幼い私がいるとほとんどの乗客が私に席を譲ってくれ、「何歳？」に始まっていろいろな話しかけをしてくれたのです。それは心温まる感動の場面であったと、今でも母は事あるごとに口にします。加えて私は、九一一の二階部分に上がって街を見るのが大好きになりました。一番前の席が全面ガラスで、私にとっての特等席でした。もちろん乗客全員にとっても大人気の席でしたが、ありがたいことに子供の私が二階に上がると、他の乗客は大抵私をそこに座らせてくれました。先に他の子供が座っていると、その子の親が私を手招きして呼んでくれ、一つの椅子に子供二人で座って仲良く外を眺めるという具合でした。また二階から一階へのバスの階段はすこし螺旋状になっていたのですが、時としておじさんが私を抱っこして安全に下まで降ろしてくれたりもしました。バスの往復を通じて、私は街のみんなに守られているという安心感を得ていたように思います。

鄧先生は、毎回、バス往復は大丈夫かと聞いてくれました。私は、こんなことがあった、あんなことがあったと楽しく報告するのですが、その話を先生はいつも嬉しそうに聞いてくれました。暫くたって、改めて先生にバス推薦のお礼を伝えたことがありました。それに対して先生がつぶやいた言葉は今でも忘れていません。「バスでの体験が気に入ってくれて良かった。上海での体験が、『運転手つきの車で水泳のレッスンに通う』というだけでは、子供の令奈にとって最良という環境ではないと思った。厳しい提案だったかもしれないけれど、私の考え方が間違っていなかったと確信できた。バスを通じて令奈が上海を好きになってくれて嬉しいよ」。先生の深い教育観を幼いながらに感じた一瞬でした。

人を助けること

その後、小学四年生で父の帰任が決まり、私は八年間の上海生活を終えることになりました。

少し前に鄧先生の胃に腫瘍が発見され、手術後の療養をされている時期でした。もちろん水泳練習は休止していました。ただ帰国前に先生にお会いしたく、感謝会の提案をしたところ、先生は出席すると回答してくださいました。久しぶりに会場でお会いした先生はかなり痩せていて私は驚きましたが、話しぶりは前のとおり元気な声でした。

先生は私に二つのプレゼントを贈ってくれました。一つは大きめの黒色競泳用水着。もう一つは李白の五言絶句を書いたメモです。中国の小学校の教科書に取り上げられている有名な絶句ということで、一行ごとの意味を解説してくれた最後に先生は「举头望明月，低头思故乡」のところを「举头望明月，低头思令奈」と謳ってくれ、涙を浮かべながら頭を撫でてくれました。

鄧先生とは帰国後も手紙でやりとりを続けましたが、残念なことに、私が中学生のとき逝去されました。私は日本で通った中学校でも水泳部に所属し、先生にいただいた水着で練習を重ねました。その学校行事で大学の学部見学に行った際、医学部が私の印象に残りました。鄧先生のことがあったからかもしれません。私はそれから医師をめざし、一昨年に医学部を卒業して医師になることができました。勉強で苦しい時、励まされたのは先生から学んだ絶句のフレーズでした。「举头望明月，低头思邓老师（頭《こうべ》を上げて月を眺め、頭を垂れて鄧コーチを想う）」。この絶句を糧にし、鄧先生のような方に一日でも健康で長生きしていただけるように医師の業を成していきたいと思っています。

大岡 令奈（おおおか れいな）
二歳で父親の駐在に伴い神戸から上海へ。宋慶齢幼稚園、上海日本人学校に在籍。十歳で父の帰任に伴い東京へ帰国。慶應義塾女子高に在籍中、父の北京駐在に伴い北京順義国際学校International School of Beijing（ISB）高等部に留学。慶應義塾大学医学部卒業。二〇一六年より医師。

二等賞

四海内皆兄弟也

～草の根交流で変わる中国人観

大学生　吉田　怜菜（東京都）

日本の報道では、中国人を公共精神が欠如し、礼儀をわきまえず、利己的、無神経、不誠実で、すぐに激昂するといった類のものが多いのではないでしょうか。こうした評価について、具体的に述べなくても多くの日本人がテレビ映像で流されたものを想起できるでしょう。こうした評価は本当でしょうか。

中国人に対する評価がどうであれ、隣国であり、経済がグローバル化する中で大きな経済成長を遂げる中国。中国は、いかなる意味でも日本にとって、世界にとって重要な国と言えるでしょう。私は世界の五人に一人が話す中国語を学習しようと、中国語専攻のある大学に進学しました。そして、二年生の後期に待望の中国への半年間の留学をする機会を得ました。

さて、人にとって大切なのは食べること。中国の大学に着いた翌日、寮の片付けも終わると早々に学生食堂に嬉々として行きました。食堂は、中国人学生も留学生も一緒のところで、ホーローの容器を持って順番を待ち、食堂の給仕をしているおばさんに料理をお皿に盛ってもらう方式でした。私の前はみんな中国人学生で、おばさんはにこやかに機嫌よく給仕をしていましたが、私の順番になった時にはむっつりと無愛想に料理をお皿に盛ってくれるだけでした。

こういうことが一週間くらい続いたでしょうか。いつも私は、「無愛想だな、デリカシーがなく、乱雑な盛り付け方をするな。日本人が嫌いなのか」と感じるようになり、いささかふくれ面をして皿を出すような感じになっていました。日本での報道は、一部その通りだなとも意識するようになっていました。

一週間経つと、私は、学習・生活のリズムにも慣れてきて、正規の授業以外にも四字熟語や歇後語（言葉遊びの一種）などを学習する課外活動などに参加するようになりました。留学生受け入れ担当の先生、日本語専攻の

2016年、天津理工大学にて友人と

中国人学生もとても親切でした。こんな時に中国人学生に食堂のおばさんが無愛想だと不満を漏らすと、「そんなはずはない。誰に対してもとても親切な人だよ」と言われました。

翌日、中国人の友人と郊外にハイキングに行く約束をしながらウキウキした気分で食堂に行き、列に並び、自分の番になった時、嬉しい気分だったので、つい「你好！」と言いながらお皿を出すと、いつも無愛想なおばさんも「你好！」と笑顔で返し、「学校に慣れたみたいだね。よかった」と言ってくれました。「えっ」と思いました。

翌朝、食堂に行くと、おばさんが「あなたは、朝は毎日、麻花とヨーグルトだね」と注文をする前に準備してくれました。そして、夕食では、「好きなのは魚香茄子？」と聞かれました。「今日はなににする？」「これはきゅうりとピーマンが入ってるよ」「あともう少しでできるからね」と必ず会話をするようになりました。

ある日、キャンパスでおばさんが自転車で帰るところにすれ違いました。この時に最初は何も声をかけてくれなかったことを言うと、「緊張していたみたいだから、あまり話しかけて混乱させるといけないと思ったからね」と。

私自身が、知らず知らずのうちに日本の報道などから知らない中国人に対する警戒心を持ち、固定観念を抱いていたようです。いけないのは私の方でした。自分で体験し、検証するという初志を忘れかけていたのかも知れません。

私が四字熟語などを勉強していると言うと、「四海兄弟」という言葉を教えてくれました。これは、正確には「四海内皆兄弟也」といい、意味は「天下の人は互いに親しみ合う兄弟だ」ということです。食堂のおばさんが好きな言葉だそうで、留学生に接するときはいつもこのように感じているとのことです。この言葉を教えてもらって、私自身も留学先の大学の村落共同体の一員になったと感じられるようになりました。中国人の欠点を知らないうちにあげつらっていた自分が恥ずかしくなりました。そう思うと、中国人は勤勉で、礼儀正しく、思いやりがあるところが多く思い起こされます。

北京首都国際空港に到着したとき、留学先の大学から教員の方が出迎えに来てくださいました。私のつたない中国語も優しく見守って聞き取ってくださいました。空港から大学寮までの車の中でも「飛行機はどうだった？疲れた？」「中国は初めてなの？」など気遣ってたくさん話しかけてくれました。北京に着いたころには既に夜の九時を過ぎていて、「疲れているだろうから大学の寮に着くまで寝ておく方がいいよ」と言ってくださいました。大学の寮に着いたのは夜の十二時過ぎでした。「今日はしっかり休むんだよ！」と最後まで声をかけてくださいました。

日本語学科の学生とも随分と親しくなりました。一緒に食事に連れて行ってくれたり、観光スポットやショッピングの案内など色々と世話を焼いてもらいました。日本語のテストがあるから教えてほしいと言われ、一緒に図書館で勉強することもありました。

半年間の留学を終え帰国する前の晩に大学の留学生担当の先生、日本語学科の中国人学生が中心となり、歓送会を催してくれました。とても仲の良い、四字熟語をボランティアで教えてくれていた中国人学生が、「明日、雨が降るといいね」と言いました。「意地悪だな」と思ったのですが、友人曰く「下雨天留客天留我不留」という言葉があり、これには二つの意味があると。一つは、〝雨の降る日は、天が客を引き留める。天が引き留めても、私はここに留まらない〟という意味で、もう一つは、〝雨の降る日は、客を留める日だ。天が私を引き留めようが引き留めまいが、私は留まる〟という意味だそうです。友人は、私に、最後に中国の有名な別れの時の言葉を教えてくれたと同時に、帰って欲しくないということを言ってくれたのでした。

私は日本に帰国してからも中国人の友人たちと連絡を取り続けています。ある友人は、「日本にプレゼントを送りたいから住所を教えて！」と言ってくれて、天津の特産品を日本に送ってくれました。留学中に知り合った友人と今度は日本で是非再会したいです。

今、アルバイト先や大学にいる中国人留学生とは、自分から歩み寄って声をかけるようにしています。アルバイト先で中国語を使って話しかけると一瞬驚いた顔をしますが、無愛想だった表情が一変して、笑顔で話してくれます。些細なことですが、私も中国で感じたのと同じように、日本のイメージは良かった！と自国に持ち帰ってもらいたいです。

中国への留学経験はとても大きなものでした。中国語を学ぶと決断してからいいこと続きです。自分の先入観を覆すことができました。また、今後中国人と関わることが多くなると予想されている中で、中国について偏見を持たず、固定観念にとらわれずに理解しようとする人が増えていけば、良好な関係が築けるのではないかと思います。異文化交流は、相違点をあげつらうのではなく、共通点を見つけて共通の秩序を構築することだと思います。ミスコミュニケーション、コンフリクトの発生は、文化の相違にあるのではなく、相互の信頼の欠如にあるのではないでしょうか。

「四海内皆兄弟也」。草の根交流は、相互理解を促進するものだと改めて感じました。

吉田 怜菜（よしだ れいな）

麗澤大学外国語学部中国専攻四年。一九九七年生まれ。東京都出身。二〇一六年八月から二〇一七年一月までの間、天津理工大学に留学。卒論のテーマは「日中の冠婚葬祭について」。日中の冠婚葬祭の比較研究により、日中の文化の異同を明らかにし、相互理解の促進をしたいと思ったので、このテーマで研究をしています。大学では梶田教授の比較文化ゼミに所属。

二等賞

おじいちゃんと青島

大学生　星出 遼平（神奈川県）

「おじいちゃんはねえ、中国の青島ってところで生まれたんだよ」。祖父から青島の話を始めて聞いたのは保育園へ向かう車の中だった。どんな内容だったかはっきりとは覚えていないが、青島がとても良い場所だったと嬉しそうに語っていた。

いつも顔を真っ赤にしてニコニコ笑う祖父が大好きだった。祖父は僕のことをとても可愛がってくれた。ウルトラマンが好きだった僕がアニメを見ていると、必ず隣に座って「今日もガイア勝てるかなあ」なんて言いながら一緒に見てくれた。父母が働いていたので保育園の送り迎えは祖父がしてくれた。家にいる時はいつも祖父と一緒にいたことを今でも覚えている。

祖父が死んだのは僕が年長クラスに上がった頃だった。保育園へ送りに行ってくれた直後に先生が慌てた様子で僕を呼びに来て、「遼平君のおじいちゃんが倒れたみたい」と言った。すぐ親が保育園へ来て僕を車に乗せて、近くの大学病院へ向かった。病院に着くとすでに祖父は帰らぬ人となっていた。今となっては祖父との記憶は断片的なものしかない。だがずっと頭の片隅に青島の話の記憶が残っていた。

僕の高校では第二外国語が必修だった。祖父の記憶から何となく中国語を選んだ。中国語を学び、中国の歴史や文化に触れる中で、僕もいつか中国へ行ってみたいと思うようになった。当時抱いた青島へのぼんやりとした興味は、「中国へ行ってみたい」という明確な思いに変わっていった。

大学生になると留学する機会を得た。中国に留学したいと親に相談した。すると母は「そろそろ教えなくちゃね」と言い、一枚の写真を引き出しから出し、祖父の話を始めた。写真には木造平屋建て一軒家の前に小さいころの祖父がかしこまって座っていた。青島にいた時の祖父の写真だ。祖父は一九四〇年代に青島で生まれた日本

2017年、青島市場二路にて

人だ。当時多くの日本人が青島に開拓使として渡っていた。戦後すぐに引き揚げてきたため、四歳までしか過ごしていなかった。物心ついてすぐ日本に帰ったのだろう。しかし祖父は青島が大好きだったという。

「おじいちゃんは、死ぬ前に青島にもう一回行きたかったって言ってたの」と母が言う。広島に引き揚げて以降、とても貧しい暮らしを送っていた。中学を出ると家族の生活を助けるために大阪へ出稼ぎに行き、工場で働いていた。その後祖母と出会い結婚し、小さな建築会社を営むようになった。学歴がなかったからちゃんとした仕事に就けなかったと言い、一人娘だった母を大学に入れるために寝る間を惜しみ休日も返上し働いたらしい。だから時間がなくて、他界するまで一回も中国へ行けなかった。生家を見ることなく死んでしまったのだ。それが心残りで死ぬ間際、母に「もう一回青島に行きたかったなあ」と語っていたらしい。

母は僕に「留学に行ったらこの住所に行ってみて」と言い、一枚の紙きれを渡した。「中華民国青島市市場二路四五号」と書いてあった。そこで祖父が生まれた。僕は留学に行って「おじいちゃんの家を探す」と決意した。祖父のルーツである青島を訪れ、なぜ祖父がそこまで青島に思いを馳せたか知りたかった。どんな景色を見て、どんなご飯を食べ、どんな人と暮らしていたのか。それらを肌で感じたいと思った。

一年間の留学を終えた七月、僕は青島へ向かった。駅に着くとタクシーの客引きが我先にと押し寄せてくる。せっかくだからタクシーは使わずにシェアサイクルに乗り、街並みを見ながら市場二路へ向かった。青島駅から西へ二キロくらいの住宅街に市場二路はあった。注意深く見なければ見落としてしまうくらいの細い路地だ。市内の賑わいとは打って変わり閑散とした通りだった。路上のわきでマージャンを打っているおじいさんが数人、掃除をしている工員がいるだけだった。マージャンを打っている人たちに「この住所を探しているんだけども」と話しかけると、一人のおじいさんが立ち上がり「ついて来な」と言い、僕をそこまで案内してくれた。とても気さくに話してくれるおじいさんだった。よく日に焼けて小麦色になった肌に笑顔を見せた時に見える白い歯がよく似合う。顔をくしゃっとさせて笑う優しい顔が人柄を象徴するようだった。

その住所に着き、見上げるとそこには大きなビルが建っていた。青島名物のナマコや貝類などの海産物を取り扱う会社のテナントが多く入っているようだ。祖父の家が残っているかなんて淡い期待を寄せていたが、全く違う光景がそこには広がっていた。しばらく感慨深くそのビルを見ていると、案内をしてくれたおじいさんが不思議そうに、「なんでこんなところに来るんだ」と尋ねてきた。事情を話すと「面白い話だな、ビールでも飲みながら話そう」と言われた。通りのはずれにある飲食店へ行き、地元名物の青島ビールや蛤のピリ辛炒めを頬張りながら、おじいさんから青島の昔話を聞いた。

市場二路は改革開放が始まると昔あった建物は取り壊され、商業ビルやマンションが立ち並ぶようになったらしい。おじいさんも市場二路近くに住んでいるが、昔住んでいた家は取り壊され、今はマンションに住んでいるという。道路や建物などの風景はほとんど変わってしまったそうだ。祖父の写真を見せると「昔はこんな感じだった」と懐かしそうに言っていた。おじいさんはビールで顔を赤らめ、それでも俺は青島が好きだとニコニコしながら話していた。その表情がどことなく祖父に似ていた。他にもおじいさんの家族の話や、青島観光の話、留学をしていた話などをして盛り上がった。夜も更けてきたのでおじいさんに礼を言い、その場を後にした。近くに停めていたシェアサイクリングに乗って帰ろうしたが、無くなっていた。そう言えば昔はシェアサイクルなんてなかったし、おじいちゃんはこの街を歩いていたんだろうなと思い、ホテルまで徒歩で帰った。

道路に目をやれば車がせわしなく行き交う。スーパーでは財布を持たず微信で会計を済ませている。中国は変化が速いと言われる。私が留学していた一年間でも大きく街の様子は変化した。道路の脇にはシェアサイクルが停められ、学校の運動場は建て替えられ、食堂のレストランはめまぐるしく変わった。一九四〇年代と今の青島の景色は変わってしまっている。しかし青島ビールや蛤のピリ辛炒めの味、地元の人の優しい笑顔、知らない人とでも仲良く話す気さくさは全く変わっていないのだろうと思った。変わりゆく中国で変わらない温かさに触れた旅だった。

次の日は青島ビール博物館や、ドイツ街を回り深夜に青島を離れた。もう一日遅いチケットを取っておけばよかったなと思った。気づけば僕もこの街が好きになっていた。祖父がこの街を好きになった理由が分かった気がする。今度は僕がお墓に行っておじいちゃんに青島の話をする番だなとふと思った。

僕はこの青島への旅を通じて、中国がとても素敵な国だと感じた。だが日本国内に目を向けると対中感情は決して良いものではない。領土問題、観光客のマナー問題や、大気汚染問題など多くの問題があるのは事実だ。しかし悪い方ばかりに目を向けてはいないだろうか。青島を訪れて分かったように非常に魅力的な中国人が多くいることもまた一つの事実だ。祖父はこのことを伝えたくて僕に青島の話をしたのだろうと思った。そしてこの魅力を多くの人に伝えていくことが僕の役目だと確信した。多くの日本人が知らない中国の魅力を伝え、微力ながら日中友好に寄与していきたいと思う。

星出遼平（ほしで りょうへい）
早稲田大学付属早稲田大学高等学院出身、現在、早稲田大学政治経済学部経済学科の四年生。二〇一六年八月～二〇一七年七月の一年間、北京第二外国語学院の漢語学院に語学交換留学をした。

二等賞

忘れがたき江南臨安での体験

元高校教員　坂本　正次（千葉県）

もう二十年も前のことになろうか、中国南京の街角で探し物をしていた時のこと、終始人懐こい笑みを浮かべた一人の中国人青年が突然話しかけてきた。私が探し物をしていることを知ると、彼は半ば強引に私を外に連れ出した。私は以前、この手の男に騙されて高い買い物をさせられた苦い経験がある。内心「エライ奴にとっ捕まっちゃったな」と思った。しかし、それは全くの誤解だった。彼は根っからの親切な男で、私は結局のところ彼のお陰で探していた物を無事買うことができたのだった。

彼はその後、京都大学に留学、以来刻苦勉励すること八年、蛍雪の功なって農学博士の資格を取得、今や日中両国の学問、産業、教育の分野で輝かしい業績を上げている。

そんな彼張敏さんから、定年間近な私に思いがけない提案があった。「退職後、中国で日本語教師をしてみませんか？」というのだ。確かに国語教師でもあり永年中国語を趣味にしてきた私ではあったが、正直なところ受けて立つ自信はない。しかし、彼の再三の誘い黙し難く、私は遂にうなずく羽目になってしまった。

彼から、赴任地は三方が山と聞かされていたので、私はせめて蚊や害虫から身を守らねばと思って強力な燻蒸殺虫剤をトランク一杯に詰め込んだ。しかし何としたことか、これらはすべて空港で没収されてしまった。「機内搬入禁止物品」だったのだ。

私の赴任した臨安（浙江省杭州市）という街は確かに三方が山ではあったが、四方十数キロという広大な盆地で、私の想像していた箱庭のような土地ではなかった。私は改めて自分の勘違いを日本人的だなと思った。大学は浙江林学院という林業系の大学で、学生数は一万超、田舎の大学という私の先入観を完全に打ち破るものだった。

私の世話係は英語科の青年教師楊暁東さんだった。外

2001年8月、日本語を学ぶ浙江林学院の学生達と（前右四＝筆者）

事処随一の英語の使い手であるとともに日本語学習意欲も盛んな人で、我々は日中両国語においては「相互学習」の間柄でもあった。

彼はまた、料理の名人でもあり、私たち夫婦はよく彼の宿舎に招かれ、出来たての美味しい中華料理を嫌というほどふるまわれた。妻が五キロほど太って帰国したのも、「犯人」は楊老師であったのかもしれない。楊ご夫妻にはまた、数多くの名所旧跡を案内してもらった。雲海を下に見る千年大樹の天目山、古来文人墨客を惹きつけた天下の景勝地西湖、文豪魯迅を生み育てた風情ある紹興の街並等々、今も懐かしく思い出される。

私が担当したのは英文科の学生四十人ほど、いずれも一見中高生を思わせる純朴な印象、以前日本に居た時、茶髪やアイシャドーを見慣れていた私には少なからぬ驚きだった。

私が初めて中国の教壇に立ち自己紹介を始めた時、何故かどよめきが起こった。話を止めて尋ねると、「日本人なのに怖くないのでびっくりした」とのこと、これには私のほうこそびっくりした。どうやら日本人に接することのなかった彼等には抗日ドラマの中の日本人像しかなかったらしい。私はこのことだけでもこの地に来た意味があったと思った。

私は初めから、日本人でさえ難解な日本語文法は持ち出すまいと決めていた。日本への興味さえ深まれば日本語のレベルは自ずから向上すると考えたからだ。そのため私は、可能な限り彼らが身を乗り出してくるような話題を多く取り上げた。私が教室に着くと教室は既に満席ということがよくあり、我が意を強くしたものだった。

ある時私は妙なことに気が付いた。二段ベッド四台の八人部屋に住む彼女らが、夕食後一人また一人と外に出ていくのだ。私は彼女らも年頃、「男朋友」にでも逢いに行くのだろうと思っていた。しかしこれはとんでもない誤解だった。彼女らは十時まで灯りのつく図書館へ勉強しに行っていたのだ。私は自分の勘違いを大変恥ずかしく思ったものだった。

気温が四〇度近くなったある日、彼女らが自分達で作った透明なゼリーを持って来てくれた。かすかな甘みとかすかなハッカの味がした。冷たくて美味しかった。しかし学内の売店にハッカはない。どこで手に入れたのか尋ねてみた。すると返ってきた答えはこれだった。「歯磨き粉を使いました」。私は一瞬まさかとは思ったものの、それ以上に彼女らの工夫の妙にいたく感心させられたのだった。

大学前の大通りに「勿忘歴史」と刻した石碑があった。裏には「日本軍機により此処で二十九人の一般市民が殺された」とあった。前にある商店の女主人に尋ねると、なんと「私の祖父もその中の一人です」とのこと、「しまった！　まずいことを聞いてしまった」と思った。私は思わず「同じ日本人の一人として申しわけなく思います」と言った。すると何とその女主人は急に笑い出して言ったのだ。「それは歴史上のことであって、あなたが謝る必要なんてないですよ」。私はホッとするとともに、彼女の優しい一言に思わず眼頭が熱くなったのだった。

夏休みに入って学生たちの軍事訓練が始まった。早朝深夜の非常呼集、炎天下での一糸乱れぬ行軍訓練、まさに過酷な訓練だった。ある日私は焼け付く校庭に整列した千人超の学生たちを目にした。解放軍の幹部が訓辞を垂れていた。日本軍がいかに非道残虐であったかを強調しているようだった。ところが、訓示が十五分くらいした頃からあちこちでバタバタと卒倒する者が出始め、ついには救護班が不足する事態となった。私は思わず校庭に飛び降り、倒れた学生たちを支えたり背負ったりしながら救護所に運んだ。何度目だったろうか、背中の学生を下ろした時、目の前に立っているのが先ほど訓辞を垂れていた軍人と気が付いた。軍人も一目で私が部外者と見抜いたようで、傍にいた学生に尋ねた。「この男は誰だ？」「救護を手伝ってくれている日本人の先生です」。すると軍人は一瞬言葉に詰まったようだったが、事情が分かったのか、私のほうを向いて二度ほど小さくうなずいたのだった。

　私が帰国する前夜、学生達が私の宿舎を訪れ、明日も軍訓があるので残念だが見送りできないと言った。翌朝、学園を去る時、私は車窓に行軍訓練をしている学生達を見かけ車を停めた。厳しい上官の下、一人として脇目を振る者はいなかった。しかし、「回れ右」をするほんの一瞬、一人の女学生が私のいることに気づいた。それでも彼女は前を向いたままだった。しかし、「前へ進め」の号令が下り動き出すその刹那、上官の目が届かないほうの手の指先が私に向かってかすかに一、二度揺れるのに私は気がついた。私は遠ざかっていく彼女らの後ろ姿を見送りながら，何故か目の前が次第にぼやけてくることをどうすることもできなかった。

　あれから早十五年、私が中国江南の一角にまいた日本語の種が果たしてどれほど開花結実したか、それはともかく、その後私が後任教師に託した「日本語作文コンクール」への参加は幸いにして確実に定着、浙江林学院（現浙江農林大学）は今や受賞の常連校となっている。

　思えば「ヨコモジ」が苦手で逃げ込むように選択した中国語だったが，良き師良き友に恵まれ何とかこの年まで続けてくることができた。就中、我が後半生において私を中国江南の地に導いてくれた張敏さん、江南臨安での一年を黄金にも勝る日々に変えてくれた楊暁東さん、更には、縁あってこの私を一外国人老師として親しく接してくれた学生の皆さんに、改めて心からの感謝を申し上げたい。

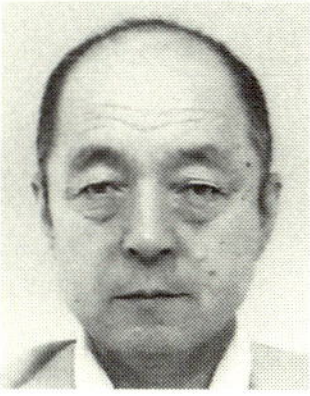

坂本 正次（さかもと まさじ）

一九三九年東京生まれ。國學院大學の第二外語にて中国語を選択。北浦藤郎先生の指導を受ける。高校国語科教師を歴任。訪中三十回余。中国語弁論大会参加（日中友好協会、朝日新聞社）。中国語作文コンクール参加（日本僑報社、日中通信社）。現在、袖浦中文会代表。

三等賞

きっかけをくれた遊学と友情

アナウンサー　濱田　美奈子（福岡県）

アナウンサーの採用試験で全国各地を受験したが内定がもらえなかった一九九二年の秋、私は傷心と疲労で東京から実家のある福岡に帰省していた。就職先が決まった同級生に会う気になれず、私は実家で部屋にこもって毎日、本や新聞を読んでいた。ある朝、地元新聞に「海外遊学生募集」という記事を見つけた。行きたい国と研究したいことを履歴書とともに提出し、書類選考後に面接があり十人が選出される。遊学期間は二週間で、費用は百万円まで負担してくれる。応募資格は、福岡在住または福岡出身の大学生と留学生だ。就職試験に失敗し、とにかく何かに認められたかった私は、迷わず応募した。行きたい国は中国と書いた。大学で劇芸術を専攻していたので、日本の歌舞伎と中国の京劇の比較研究を柱として、中国各地の芸能を学びたいと希望した。

中国を選んだ理由は二つある。ひとつは、実家が営んでいた温泉旅館に、私が中学生のころ、北京から十五人ほどの卓球選手の代表団が来て長期滞在したことがあり、その時の交流がとても楽しかったからだ。私達は、旅館の遊技場で毎晩卓球のラリーをして遊んだ。日本語が全く話せない選手の人たちとのコミュニケーションは、少しの英単語とジェスチャー、それに中国語ハンドブックを見ながらの筆談だった。彼らとの卓球ラリーがきっかけで、妹は中学、高校時代には卓球部に所属し、インターハイの全国大会にも出場した。私は、卓球の腕前はさほど上がらなかったが、いつか必ず中国に行ってみたいと強く思うようになった。もうひとつの理由は、遊学生募集の記事を見つける少し前に、地元新聞に中国語講座生徒募集の記事を見つけて、中国語を学び始めたばかりだったことだ。中国語を教えてくれるのは九州大学大学院留学生の羅明坤《らめいこん》さん。肩にかかる黒髪が美しい三十代半ばの女性だ。毎回講座が終わってからも私が積極的に彼女に話しかけていたこともあって次第に仲良くなり、

北京京劇院公演前、楽屋にてインタビュー取材時（1993年）

プライベートでも会って話をするようになった。羅さんは結婚していて子どもがいた。彼女は小学生の息子さんを大連に住むご両親に預けて、夫の李さんと二人で日本に学びに来ていた。かわいい息子を預けて日本へ学びに来ている彼女には、強い覚悟が感じられた。私は彼女の生まれ育った町に行き家族と会ってみたくなり、大連の実家訪問も遊学プランに入れた。そして、羅さんも同じく遊学生募集の留学生枠に応募した。彼女は日本の歴史や文化を学ぶために宮城県や岩手県を巡るプランだった。

海外遊学生の応募総数およそ六百人の中から、九人の日本人大学生と一人の留学生が選出された。選出された十人の中に、羅さんと私がいた。遊学へ出発までのおよそ三カ月間、羅さんと私は会う回数をさらに増やした。彼女は日本の歴史について調べていた。私は高校の日本史の教科書やノートを引っ張り出してきて、彼女の知りたいことを一緒に探した。私が知りたい中国各地域の演劇や流行歌、ファッションなどについては、羅さんが教えてくれた。彼女のおかげで、さらに中国が好きになった。

一九九三年三月、いよいよ出発の日がきた。私にとって人生初めての海外旅行だ。二週間で中国六カ所、上海・蘇州・杭州・北京・天津・大連の順に巡る。大連では羅さんのご両親と息子さんに会える。福岡空港を発って上海空港に降り立った。現地の通訳兼ガイドの女性が私の名前を書いた紙を掲げて迎えてくれた。彼女は明るく好意的で、私と初めて会った時から、メイナイツゥ（美奈子）と呼んでくれた。そのおかげで私も拙い中国語で会話してみようと思えるきっかけをもらえた。上海では雑技を観て、団員のみなさんに直接お話を伺うことができた。幼いころから鍛錬の連続で、その努力は計り知れない。就職活動がうまくいかず落ち込んでいた自分が恥ずかしいと感じた。もっと努力しようと思った。そのほかにも、上海近郊で芸能の歴史を学べる博物館をまわった。上海から列車で移動した蘇州や杭州では、町の小さな劇場を見学させてもらったりした。下手な中国語で話しかける私に、出会う人たちはみな親切で優しかった。杭州から列車でふたたび上海に戻り、飛行機で北京へ移動した。北京では京劇俳優の方々に会うことができ、インタビューするチャンスにも恵まれた。男女ともにとにかく華やかで姿勢がよく、スターそのものだった。緊張して質問したいことを忘れてしまい、鞄から慌ててノートを出す私に、「あなたは京劇のメイクが映えそうな顔ね！」と場を和ませてくれたりした。この遊学のメインテーマでもある歌舞伎と京劇の比較研究に必要な質問をたくさんできた。直接話を伺ってから観る公演は一段と魅力的だった。北京滞在中には万里の長城にも出掛けた。上りと下りで行き交う人たちの国籍はさまざまだったが、互いに笑顔であいさつし合うのが心地よかった。すれ違った時に、言葉がなんとなく通じる程度のコミュニケーションでも、私にとって刺激的で好奇心をかきたてられるものだった。北京から天津へ移動して劇場や市場をまわり、そして、遊学の最終滞在地の大連に着いた。ようやく羅さんの家族に会えた。「初めまして、森美奈子です。お会いできてとても嬉しいです」とたどたどしい中国語で挨拶をした。彼らは笑顔で家に招き入れてくれた。寡黙ながら優しい眼差しのお父さんと陽気で話し上手なお母さん、そして人懐っこくてかわいい彼女の息子の淵くんだ。食卓には、肉入りの饅頭《マントウ》や胡瓜のスープ、水餃子などの昼食が並べられていた。初めて食べる中国の家庭料理は、感動的な美味しさだった。「ヘンハオチー（とても美味しいです）」と伝えると、お母さんは喜んでくれてどんどん皿におかわりを載せてくれる。気がつけば、私はマントウを十個以上食べていた。私はただただ「謝謝」と繰り返した。中国語が堪能ならもっと感謝の気持ちを伝えられるのにと、もどかしかった。大連から日本へ帰る時、三人は見送りに来てくれた。お母さんが「美奈子はもう一人の娘だと思っているわ。また必ず大連に会いに来てね。マントウ作って待ってるからね」と言ってくれた。「中国語をもっと勉強して、またいつか必ず大連に遊びに来ます」と彼らに約束して帰国した。

卒業論文を出さずに大学に残り、私は二度目のアナウンサー受験をし、地元福岡の民間放送局のアナウンサーになることができた。入社二年目にはユニバーシアードが福岡で開催され、中国からの取材陣の案内や選手達の取材をするチャンスも巡ってきた。仕事の合間に中国語の練習も続けていた。羅さんとは、就職してから会う回数がだんだん減った。その間に、彼女のご両親は亡くなってしまった。もう一度大連に会いに行くと約束したのに果たせなかった。このことがきっかけで、羅さんと再び連絡を取って会うようになった。彼女は仕事をしながら勉強を続けて、日本で大学教授になった。私は、二人の子どもを出産して、子育てに専念するため局のアナウンサーを一度辞めたが、子ども達が幼稚園に上がるころに仕事復帰し、今もアナウンサーとして働いている。羅さんは今でも、会うたび私に刺激とやる気を与えてくれる。この春、彼女から「美奈子さんも大学の先生になるために大学院で学んだらいいと思いますよ」と提案された。四十七歳の私は、新しい夢を叶えるため、彼女と二人三脚の勉強が始まった。

濱田 美奈子（はまだ みなこ）

一九九四年三月共立女子大学文芸学部芸術科専攻劇芸術コース卒業。同年四月ＲＫＢ毎日放送株式会社入社、アナウンス部配属。一九九八年二月退社後、同年九月フリーランスアナウンサーとして活動開始。現在、ＲＫＢ毎日放送ニュースアナウンサー、アナウンススクール講師、司会・講演会講師・ナレーション、中学校・高等学校放送部指導。オフィス温声代表。

三等賞

旅先で出会った素敵な夫婦との再会

大学生　石川　春花（愛知県）

私は二〇一七年九月から一年間北京に留学していました。留学期間中の冬休みを利用し、一カ月ほど中国国内バックパッカー旅行をしました。一人旅ではありましたが、旅先で色々な出会いがあり、たくさんの思い出ができました。その中でも特に印象に残っているのが、福建省厦門から日帰りで金門島へ行く現地ツアーに参加した時のことです。ここでの出会いは、私にとってかけがえのないものとなりました。

ツアーの参加者は、私以外全員中国人。初めて中国人向けのツアーに参加したので少し不安でしたが、添乗員さんや同じツアーに参加していた皆さんに色々と助けてもらい、楽しむことができました。特に江西省の南昌から来ていた六十代の夫婦にとても親切にしてもらい、一緒に行動するうちに親しくなりました。このおじちゃんとおばちゃんが、ガイドさんの話が聞き取れない時にゆっくり説明してくれたり、中国の文化について教えてくれたり、日本や私の留学生活に興味を持ってくれて色々話したりしました。定年後はよく二人で旅行しているという、仲の良い素敵な夫婦です。家族と会えない留学生活や一人での旅は、楽しい反面やはり少し心細い時もあり、「私達には息子しかいないから、娘ができたみたい」と言ってもらい、とても嬉しかったのを覚えています。「時間があれば南昌に遊びにおいで」と誘ってくれて、その後も頻繁に連絡を取り続けていました。

帰国までに一度南昌へ行きたい、またおじちゃんとおばちゃんに会いたいと思っていましたが、気づけば留学期間も残りわずか。そこで、留学期間中最後の連休であった六月の端午節に、この優しい夫婦を訪ねて南昌へ行ってきました。

北京西駅発の夜行列車に乗車。翌朝南昌駅に着くと二人が迎えに来てくれて、久しぶりの再会を喜びました。まず家にお邪魔して休ませてもらい、その後は市内観光

南昌での再会

へ。滕王閣、縄金塔、八大山人記念館、八一起義記念館、八一広場、秋水広場……暑い中、二日間でたくさんの場所を案内してくれました。二人を訪ねてでなければ南昌へ行くことはなかったと思いますが、見どころがたくさんあり、勉強にもなりました。南昌は江西省の省都とはいえ、北京や上海のような大都市と比べれば小さな街です。落ち着いた、時間がゆっくり流れているような雰囲気も気に入りました。

　観光地だけでなく、地元の人の生活を近くで見ることができたのも良い経験になりました。南昌は、川を挟んで旧市街と新市街の二つのエリアに分かれています。おじちゃんたちが暮らしているのは、旧市街の中心部にある昔ながらの団地です。買い物ついでに立ち話をしたり、子供が道で遊んでいたり、お年寄りがのんびり散歩していたり。よく行くお店の人とも長年の付き合い。現代の日本ではなかなか見られなくなった、人情溢れる光景がそこにはありました。近所の人に「あれ、こんなに大きな孫がいたのかい?」と聞かれたおばちゃんが、「違うよ、友達だよ」と笑って答えていたのが何だか嬉しかったです。

　面白かったのは、おばちゃんが習っているダンスの練習を見学させてもらったことです。おばちゃんは公務員として働いていましたが、定年後に新しい趣味として近所のダンス教室に通い始めました。毎週末レッスンがあるそうで、この日は数日後の発表会のためのリハーサルでした。本番用の鮮やかな衣装に身を包んだおばちゃんたちが、軽快な音楽に合わせて踊ります。定年退職した人がほとんどで、一番若い人でも五十歳、上は七十代半ばの人までいます。難しい振り付けを覚えたり、きびきびと体を動かしたり、中国のお年寄りは元気で心が若いように感じます。街中の広場や公園でも「広場舞」と言って、ダンスをする人をよく見かけます。

一方、おじちゃんは定年まで国営企業に勤めていたそうで、社員旅行で行ったという日本の写真をたくさん見せてくれました。「旅館の食事の一人用鍋が珍しい」「レストランの外にある食品サンプルがすごい」「日本の伝統的な木造住宅は趣がある」など、感想を楽しそうに話してくれました。そのあとの夕食は、おじちゃんが手料理をふるまってくれました。中国では料理をはじめ、男性も家事をする家庭が多いです。「ほとんどの家庭が共働きのため男女平等、女性も自立している」と言っていました。このような話は聞いたことがありましたが、実際にその様子を目の当たりにして、改めて文化と習慣の違いを感じました。

色々と普段の留学生活ではできない貴重な経験をさせてもらいましたが、食事もその一つです。端午節だったので粽や茶葉蛋（お茶の葉と調味料で煮た味付き卵）を用意してもらい、南昌名物の米粉《ビーフン》もご馳走になりました。南昌料理のお店でも地元の味を堪能し、中国の中でも南方にしかないフルーツもいただきました。「せっかくだからここでしか食べられないものを食べさせてあげよう」と、色々考えてくれたのだと思います。初めて食べるものが多かったですが、どれもとても美味しかったです。

あっという間に楽しい二日間が過ぎ、最後はまた駅まで送ってくれて、「車内で食べてね」とお土産までもらってしまいました。南昌―北京は、列車で十二時間ほどかかります。私は行きと同じく帰りも一番安い座席のチケットを取っていたのですが、それを知ったおじちゃんとおばちゃんが「疲れるから寝台に変えなさい」と、寝台に変更する追加の料金を払ってくれました。自分で払おうとしても「いいのいいの」と言ってくれ、結局甘えることに。更に、普通は駅の構内に入るときにお別れなのですが、わざわざ見送りの人用のチケットも購入し、列車が出る直前まで付き添ってくれました。時間が来て後ろ髪を引かれる思いで乗車すると、感謝の気持ちと別れの寂しさで涙があふれてきました。おじちゃんおばちゃん、本当にありがとう。いつか大好きな二人が日本を訪れることがあれば、精一杯のおもてなしで迎えたいと思います。

私とのやり取りの中で、おばちゃんはよく「有縁相遇（縁があって出会った）」という言葉を使います。もし廈門に旅行に行かなかったら、あの日同じツアーに参加しなかったら、更に遡《さかのぼ》ると、もし私が中国語を勉強していなかったら、留学しなかったら、きっと私たちが出会うことはなかったでしょう。それを思うと、こんなに素敵な二人に巡り合えた「ご縁」に感謝せずにはいられません。

南昌のおじちゃんとおばちゃんには、いくらお礼を言っても足りないほど、本当にお世話になりました。旅先で一日一緒に過ごしただけの外国人に、ここまで親切にできる日本人はいったいどれくらいいるでしょうか。私はこういった心優しい人々に出会う度にますます中国が好きになり、「もっとこの国とこの国の人のことを知りたい」という気持ちが強まります。そして、中国についてあまり知らない日本人、中国人に対して良いイメージを持っていない人たちに、「こんなに優しい中国人がいるんだよ」と伝えたい、伝えなければ、と思うのです。

私は、人と人との対面の交流や友情は、国と国とが互いに理解し合い、関係をより良くするための小さな、しかし着実な一歩だと考えています。私とおじちゃんおばちゃんとの間には、「日本人と中国人」より先に「人と人」という関係があります。一人一人がこれを大切にして歩み寄れば、未来は明るいものとなるのではないでしょうか。

石川春花（いしかわ はるか）

愛知大学国際コミュニケーション学部国際教養学科に在籍中。大学一年次より第二外国語として中国語の勉強を始め、学内外の中国語朗読コンテストに出場。二年次には朗読コンテストの副賞により、学費免除で一カ月間の南京語学留学を経験。三年後期（二〇一七年九月）より一年間休学し、中国政府奨学金を得て北京第二外国語学院に留学中。留学期間中の連休や長期休みはバックパッカー旅行で中国各地を周遊し、今までに中国十七都市を訪れた。

三等賞

好奇心が強く、コミュニケーション好きの中国人

会社員　長谷川　玲奈（千葉県）

「どうして中国に行くの？」「中国ってなんだか危なそう。何も好き好んで中国に行かなくても。」私が中国へ行く時に周りの人々から必ず言われる言葉である。私はその時、必ずこう言いかえす。「中国って、実はとても礼儀正しい人が多いし、面白い国ですよ。折角あんなに面白い国が隣にあるのに、知らないなんてもったいない。どうして中国へ私が行くのか、その理由を教えてあげようか？」

大学に入学し、周りの心配にもかかわらず中国語を学び始めて一年が経過しようとしていた時、私は、ふと「なぜ中国語なんだろう？」と考えることがあった。

今まで私の人生に一切関係のなかった中国。なんとなく中国語を専攻したけれども、実際の中国ってどんな国なんだろう。よくわからない。周りの人は、相変わらず中国は危ないからやめておけなどとあまり良くないことばかり言うけれども、本当に中国って危ないの？　授業、ニュースや本で理解する中国は、実像を表しているのだろうか。私は中国がどんな国か漠然としか知らないまま中国語を学び続けることに不安を感じることもあった。

それならばと自分の目で確かめようと決意した。もし、本当に中国が周りの人々が言うような危ない国だったら、中国語を学ぶのはやめてしまおう。私は二〇一一年の冬、短期語学留学というかたちで初めて中国（天津）を訪れた。一カ月という短い留学であったが、私の結論は、「中国って面白い」「とっても魅力的」、そして「危なくなんてない」であった。

では、具体的に何が面白くて魅力的なのか。それは、「人」であると私は感じた。私は中国に行く前は「中国人はうるさいし、図々しい。そしてケチ」と周りから聞いたイメージを多少は抱いていたが、実際は違った。

私は、授業が終わると、できるだけキャンパスを出て、天津の街を散策に出た。大学以外での中国人の生活の様

2015年、西湖の手漕ぎ船にて

子を見て、地元の人と話す機会が欲しかったからである。

留学開始から間もない頃、ふと小さな化粧品のお店に入った。すると「あなた日本人？」と店内にいた二十代半ばの中国人店員が声をかけてきた。「あなた、肌がきれいね。あなたが使っている日本の化粧品は何？」「日本の化粧品のおススメを教えてちょうだい」といきなり質問攻めにしてきたのである。更に店内にいた他の中国人女性客の何人もが私の周りに集まってきて、色々と質問をしてきた。彼女たちの多くは南方出身のようで、訛りが強く、北京語を学んでいる私には非常に聞き取りづらかったが、私は彼女たちのあらゆる質問（とくに美容系）に何とか答えていった。最後には「あなたと話せて良かった。これ、もって行きなさい」と商品のハンドクリームをくれた。

彼女達との出会いは、今までの中国人のイメージを大きく変えた。中国人は決してうるさいわけではない。中国人は自分が疑問に思ったこと、感じたこと、興味を覚えたことを率直に相手に伝えているのだ。そして、中国人は図々しくはない。好奇心が旺盛で、相手を知るために近づいているだけなのである。聞き上手といってもいいだろうか。この意味では、コミュニケーションがうまいと言ってもいい。人の壁を簡単に取っ払ってしまう名人なのだ。そして、中国人はケチではない。むしろ気前が良く、太っ腹なところがある。

さらにもう一つ、「人」に関する印象的なエピソードを紹介しよう。

就職後に夏休みを利用して、中国旅行にいささか腰が引ける友人と二人で杭州の観光名所西湖に行った時のことだ。西湖は手漕ぎ船を貸し切って湖を観光することができるのだが、船の船頭に乗船したいと伝えたら「二人では乗せない」と断られてしまった。おそらく、船頭からすると、一度に多くの人を乗せて船を動かしたかったのであろう。

折角ここまで来たのに、しょうがないかと諦めていると、隣にいた男性が「一緒に船に乗らないか？　俺たち三人だけど、君たちと乗れば船を出すって言ってるから。どうだい？」と声をかけてきたのである。

流石中国人。簡単に人の壁を壊してきた。〝これはきっと面白いことになる〟と私は感じ、すぐに了承した。船が出発するとすぐに、「俺たちは温州から来た。地元の友達三人で杭州へ旅行に来たんだ」「君たちはどこから来たんだい？」と質問をされた。日本人だと答えると三人とも黙ってしまった。「何か日本人に対して嫌なことでもあるのかな」とこちらも様子を伺いながら黙っていると、「君たち日本人だったのか！　気づかなかった。日本人と船に乗れるなんて面白い！　中々こういう機会はないよ！」と大笑いしながら話してきたのである。

彼ら三人からも質問攻めにあい、周りの美しい風景をゆっくり見ている時間すらなかった。私の西湖での思い出は彼らとの思い出ばかりになってしまったが、とても有意義な時間であったことには間違いない。そして、下船時には、「すごく面白い時間を過ごせた。日本人とこんなに話したことはなかったから、とてもよかったよ。ありがとう」「君たちの船の代金は俺たちに払わせてくれ。そのくらい楽しかったよ」と言ったのである。彼らも好奇心旺盛で、礼儀正しかった。ここでも、私の思う中国人の面白い魅力と出会った。

日本人の礼儀正しさには、他人行儀的なところがある。知らない人に対して自分からは容易には口を開かない。しかし、それではコミュニケーションができないのではないか。初対面の見ず知らずの人、しかも化粧品店などでいきなり話しかけてくる行為、または観光小舟への相乗りの誘いなどは、日本だと礼儀をわきまえないとか、無神経、厚かましいというような評価になってしまうのかもしれない。しかし、そうだろうか。日本でも徐々にシェアリング・エコノミーや民泊などが普及し始めている。コミュニケーションをしたいのではないだろうか。中国人に学ぶことも少なくないのではないだろうか。

中国人を評価する人は、酷評と称賛の両極端に分かれる。このいずれをも鵜呑みにすることなく、何事も実際に自分の目で見て、感じてみないといけない。私は、実際に中国へ行って本当の中国と出会い、中国の面白さに気付いた。

「どうして中国なんかに行くの？」という人に「中国は面白いですよ。理由を知りたいですか？　中国は人が魅力的なんです」と返す。すると、決まって次のような会話が続く。「実は中国に一度は行ってみたいと思ってはいるんだよね。だけど、周りに中国に行ったことがある人いないし、あなたみたいに中国人が魅力的だという人に出会ったことがないんだよね」「隣の国の中国、せっかくだし、行ってみようかなあ」と。このように、実は心の中では気になっているが、本当の中国に巡り合えるきっかけに出合えていない人というのは実は多くいるのではないかと思う。

私はこれまで紹介したようなエピソードを何回となく何人もの人に話したことがある。そうすると、「中国って面白そうだね。若い女性の二人旅でも安全そうだし。今度、中国に行ってみるよ」という人が多い。さらに、「中国に行ってきたよ。面白かったし、とても良かった。今度は、家族を連れて◯◯に行ってみたいな」と報告してくれる人がいる。

私自身は、大きなことはできない。が、こうした小さな会話をきっかけに中国を自分の目で見て判断する機会を沢山の人に与えていくことができればと願う。中国は、懐が深い。私の中国を知る旅もまだまだ続く。

長谷川玲奈（はせがわ れいな）
千葉銀行勤務。一九九二年生まれ。二六歳。女。千葉県出身。麗澤大学外国語学部中国語学科卒。二〇一一年二～三月に天津理工大学に短期留学。二〇一四年、日中関係学会第二回宮本賞優秀賞受賞。受賞論文のテーマは「中国人富裕層をターゲットとしたメディカルツーリズムの可能性について」。

三等賞

私をひっくり返した中国

会社員　大石　ひとみ（神奈川県）

今までの人生で、私は三回中国にひっくり返された。一回目は大学一年生の時。ここで私は初めて中国との接点を持った。入学式後のオリエンテーション。どの科目を受講しようか悩んでいた私の目に「中国語」という文字が飛び込んできた。元々漢字が好きだから、単位のため受講するか……という安易な理由で、何気なく中国語を選んだ。初講義、中国人の先生から発せられた発音に私は骨抜きになった。「一目惚れ」ならぬ「一聴き惚れ」だった。まるで琴のようにサラサラと流れる中国語と、漢字のみで構成されたシンプルな世界。この語学を何としてでも身に付け、自由自在に操れるようになりたいと思い、私はすぐに独学で中国語の勉強を始めた。

中国語の発音は思った以上に難しかった。漢字も日本の漢字と混ざり頭の中が混乱した。多い時には一日十時間、中国語と向き合った。不思議だったのは十時間勉強しても全く苦ではなかったこと。恐らく、それほど中国語の魅力に取り憑かれていたのだと思う。また、大学に留学している中国人留学生に片っ端から声を掛け、仲良くなり中国語を教えて貰っていた。

勉強を始めて三カ月後、中国へ留学し現地で学びたいと思い、両親に相談をした。しかし当時、日中関係は芳しくなく猛反対を受けた。ひとたびテレビをつければ、中国への印象が悪くなるような報道ばかりで埋め尽くされていた。これでは両親が不安になるのも当然だと感じた。私も多少恐怖心はあったものの、「本当にそういう人達ばかりなのか自分の目で確かめたい」という気持ちの方が勝っていた。

そこからはひたすら両親を説得する日々が続いた。しっかりと勉強していますアピールをするため、わざと目の前で語学勉強チャンネルを付け大きい声で発音の練習をしたり、「今日は私がご飯を作る」と宣言し、全て中華料理のメニューにしたりと、今思えば少し困らせてい

2018年3月、友人と

たかも知れないが、この頑固な思いは遂に実を結んだ。二年後の大学三年に上がる春、ようやく半年間の留学許可が下りた。留学先は提携校である福建省の厦門大学になった。

　中国での留学が始まり、二回目のひっくり返しを受けた。それは中国人の優しさだ。前述したとおり、日頃の報道の影響を強く受けていた私は、中国人に対して一方的に恐怖感を持っていた。周りに知り合いが一人も居ない中、「日本人である私と友達になってくれるだろうか」「日本人だとバレて何かされたらどうしよう」という不安が常に付きまとっていた。

　また更にもう一つ、大きな障壁があった。最初のうち、中国の食べ物が身体に合わず頻繁にお腹を壊し苦労していた。中華料理が好きだっただけに、現地で中々堪能できないことが非常に辛かった。

　しかし蓋を開けてみると、それは杞憂に終わった。大学には思っていた以上に日本に興味を持っている学生が多く、積極的に話しかけてくれた。そのおかげで沢山の友人ができた。中国の有名スポットへ行って遊んだり、一緒に卓球やバスケットをした。食べ物が合わないと悲観的になっていたら食堂に連れて行ってくれて、何か体に合う食べ物がないか一生懸命探してくれた。住んでいる寮の下まで食べ物を届けてくれたり、しばらく体調が優れなかった時期には看病をしてくれた。毎日がとても楽しく、彼らの優しさに少しずつ不安が取り払われていった。

そんなある日、街中をバスで移動していた時、恐れていた事態が発生した。日本人の友人と日本語で会話していた時、突如見ず知らずの方から非難を受けてしまった。全く予想していなかったため、言い返すこともできず友人と狼狽《うろた》えていたところ、すぐ近くにいた女性が立ち上がり強い口調でこう言った。「国同士の問題は国のこと。個人間にまで持ち出すのは違う」。この一言は、私の胸の中につっかえていたものを洗い流した。非難をした方は何も言わずバスを降車した。静まり返った車内で女性にお礼を伝えると、優しく微笑みながら「ごめんなさいね。こんな人ばかりではないから安心してね。留学生？中国語上手なのね。これからも頑張ってね」と言ってくれた。思わず涙が零《こぼ》れ落ちた。

私はこの出来事を通して、これまで見てきたものはあくまでも表面上であり、実際に現地へ赴き、自分の目で見て判断をする重要さを思い知った。日本に居たままでは分からなかった、現地の人達のあたたかさにも触れた。それと同時に、留学を選択して良かったと心底感じた瞬間だった。もし行っていなかったら、今でも勝手なイメージで、中国や中国の方を決めつけていたかもしれない。

私は中国の虜になり、人や文化を含めて中国がもっと好きになった。半年ぶりに家族に再会し、中国の土産話に花を咲かせていたところ、一番反対していた父が「俺達が思っていた中国へのイメージと全然違うな」とポツリとつぶやいたことも忘れられない。

帰国し、三回目のひっくり返しが起きた。中国から日本へ戻った私は、「中国語を生かして、中国に関係のある仕事がしたい」という漠然としてはいるが、大きな目標ができた。そして就職活動をしているうちに、中国に関連会社を持つ現職と縁があり、迷わず就職を決めた。

そして就職をして一年と少しで、その関連会社へ半年間研修へ行く機会を頂いた。以前の留学生という立場ではなく、社会人として現地スタッフと多くの言葉を交わした。今まで聞いたことのないビジネス用語の登場や、年齢が最も若かったが故に大変な思いをすることもあった。しかしここでも新聞やテレビからは見えてこない、日本人とは異なった仕事に対する考え方や想いを知ることができた。現地スタッフとは仕事仲間だという意識はあったが、駐在員ではなく研修生として、どこがベストな距離感なのかを心掛けて接した。次第に心の壁がなくなってきたのか、彼らが仕事外の時間に、相談や身の上話をひっそりと打ち明けてくれた時はとても嬉しかった。

あっという間に半年間の研修が終わり、日本へ帰国。現在は中国の方とやりとりをする部署に所属している。業種問わず色々な方と知り合い、充実した日々を過ごしている。卒業後から今まで、恐ろしい程とんとん拍子できていることに自分自身とても驚いている。だからこそ、中国との縁を感じずにはいられないのだ。

思えば中国語を履修したあの日から、この三回のひっくり返しがあり、中国での滞在を経て、自分の人生がどんどん良い方向に開けてきているように思う。視野も広がり、自分の成長にも確実につながっている。

また、周りの方の中国に対するイメージも大きく変わってきている。周りに中国へ留学した経験のある方が少ないからか、仕事中に中国に対する質問をよく受ける。私が説明するたびに、驚いた顔をされる。恐らく以前の私のように、ひとつの情報から印象を左右されている方が多いのだと思う。実はそれは非常にもったいないことで、現地に行かなくても、現地に滞在していたことがある人から話を聞くだけでも印象は随分と変わるはずだ。逆も然りで、訪日経験のない中国の方に対しても、日本の情報をブログやWeChatを通して広めている。中国の友人から言って貰える「あなたと友達になれてよかった」という言葉は私の宝物だ。

私は、知ることは理解することへの第一歩、理解することは友好関係を築くための第一歩だと考えている。今後も日本と中国のより良い未来のため、またお互いがお互いの国の理解を深められるよう、積極的に発信をしていきたい。

大石 ひとみ（おおいし ひとみ）
二〇一二年大学へ入学、独学にて中国語の勉強を始める。二〇一四～一五年福建省厦門大学海外教育学院へ語学留学。二〇一六年一月黒竜江省と上海へ弾丸一人旅。二〇一六年大学卒業後、中国に子会社を持つ食品メーカーへ就職。二〇一七～一八年中国の関連会社へ短期研修。二〇一八年中国のお客様を担当する部署に所属、現在に至る。

三等賞

誰かの体験、わたしの体験

日本語教師　佐藤　力哉（湖南省）

中国には、来てよかった。わたしが忘れられないのは、博物館見学にまつわる思い出だ。

二〇一八年六月現在、わたしは湖南省長沙市にある大学で日本語を教えている。大学で教え始めてまだ日の浅いある日、学生から連絡が来た。「先生、こんどの日曜日はお暇ですか？　もしよろしければ、一緒に博物館に行きませんか？」。遊びの誘いだ。わたしは行くと答えた。しばらくして、ふと悪い予感がわいてきた。

（遊園地や映画館じゃなくて博物館。中国の学生はまじめだなぁ。……ん、博物館？　博物館だとぉ！）

日本にいるとき、こんな話を聞いたことがあった。日本人観光客が中国に行くと、ツアーの日程にわざわざ博物館見学が組み込まれていることもあるらしい。なにも知らない日本人が博物館に行くと、そこでは旧日本軍の悪逆の限りが展示されているとのこと。それを見て日本人観光客がどんな思いをするかは想像にかたくない。

ガイドが言う。「アイヤー、日本軍はとても酷いアルヨー。ちょっと信じられないアル」「……………」「でも、大丈夫ヨ。私、日本人大好きネ。さあ、次のコーナーにレッツラゴー、アルヨ」「……………」。ちなみに、わたしは中国に来てから語尾に「アル」をつけて日本語を話す中国人に会ったことはない。本当アル。

以上のような悲劇的ドラマが頭のなかで展開し、（博物館……まさか、先生いびりか？）と半ば真剣に思った。（いやいやいや、そんなはずはない。でも、もしかしたら……いや、でも）。それから日曜日まではなんとなく憂鬱だった。人を信じたい気持ちと疑う気持ちが、かわるがわる浮かんできた。

昼休み、学生食堂で食べていると、備え付けのテレビが眼に入った。ハリウッドの戦争映画、ではなくバリバリの抗日ドラマが流れている。ドラマを無視して食事をつづける。音声が聞こえないのがせめてもの救いだった。

2017年10月22日、長沙規画展示館にて。著者と日本語科の学生さんたち

ついさっきまで感じていたおいしさは半減してしまったが、意地でぜんぶ食べた。

二〇一七年十月二十二日、約束の日曜日。その日、長沙は晴れていて、外出にはもってこいの日だった。わたしは待ち合わせ場所で待っていた。腕時計を見る。もうすぐ時間だ。一緒に行く学生は三人、Ｏさん、Ｈさん、Ｋさん。彼女たちも、時間よりすこし早くやって来た。

「先生、お待たせしました」とＯさんがにこやかに言った。さすがに日本語科の学生だけあって、流暢な日本語だった。となりでＨさんも微笑んでいる。

「いえ、わたしもいま来たところですよ」と十分前から待っていたわたしは言った。そして笑みを浮かべた、はずだ。しかし心のなかで、（外面似菩薩、内心如夜叉、とか言ったっけ。このコたち、こんなにかわいいのに……ええい、ままよ、なるようになれ！）とまことに失礼な台詞が流れた。

移動にはバスを使った。運よく座れて、わたしたちはとりとめのない楽しいおしゃべりをした。Ｏさんが日本のアニメが好きだということ。Ｈさんが日本に留学したいこと。Ｋさんには今、気になる男のコがいて、今夜その彼とデートで映画を見に行くということ。「ＳＭＡＰ」

や「嵐」はもちろん、高倉健も中国で有名だと知っていたので、彼を知っているかと尋ねたら知っていると答えてくれた。おどろいたことに、市川雷蔵も知っていた。日本の芸能文化については、わたしよりも彼女たちの方が詳しいようだった。おしゃべりをしながら、わたしたちはスナック菓子を食べたり、グレープフルーツを食べたりした。バスは揺れる。気分はもう遠足である。

そうこうするうちに博物館に着いた。「長沙規画展示館（長沙都市計画展示館）」という名だった。

入館するとき彼女たちは相変わらずキャッキャウフフと楽しそうだった。一方わたしは、さっきまでのバスでの心弾む感じは薄まり、またあの憂鬱な気分がよみがえって来た。

（ああ、来ちゃったよ、博物館……）これである。

博物館は近代的だった。入口に入ってすぐのところに無料パンフレットが置かれてあった。何種類かあり、日本語のものもあったから、彼女たちは大喜び。わたしもすこしほっとして、それを手にした。この日、わたしたちが訪れた時間帯の入館者はそれほど多くなく、ゆっくりと見学できた。

館内では長沙の古代からの変遷が展示されている。展示内容はだんだんと現代に近づいていく。そして、日中戦争時代のコーナーに至った。展示内容は中国の人民がいかに勇敢に戦ったか、ということだった。幸いなことにと言っていいのか、日本人として目をおおいたくなるような展示は何もなかった。横目でチラっと彼女たちをうかがう。三人とも特になんのコメントもなかった。そのまま歩を進め、わたしたちは次のコーナーに移った。

（あれ？）とわたしは思った。というのも、「先生、日本軍はひどいですねぇ」「先生はこの戦争についてどのように考えているのですか」「私のひいお祖父ちゃんはこの戦争で……」といった発言が万が一来るかもしれないと身構えていたからだ。完全に肩透かしだったが、やっと心の中の暗雲が晴れた気がした。

博物館見学のあと、夕食をとった。みんなで食べた麺はおいしかった。それからバスでわたしたちの大学の近くまで帰り、Kさんは恋人候補とデートに行った。Oさんは合唱サークルの練習に行き、Hさんは学生寮に帰った。彼女たちはごくふつうの、やさしい女のコたちだった。日本人いじめをする気などカケラもなかったのだ。そもそも、そんなことは一瞬でも思い浮かばなかったにちがいない。

結局、博物館見学と聞いてわたしが勝手に心配したことはすべて杞憂だった。

わたしはあいまいな情報によって被害妄想的なストーリーを想像した。それを現実にかぶせて、博物館見学にのぞんだ。今思うと、なんともったいないことをしたことか、なんと彼女たちに失礼だったことかと悔やんでいる。

今後は事にあたるとき、曇りのない眼の自分でありたい。先入観を持たずに体験できればいいのだろうが、おそらく何かするとき、何らかの先入観が多少は存在するだろう。であれば体験中、あるいは体験後にその先入観を修正して自分独自の観念をつくることができればいいと思う。

どこかで得た情報と自分の体験という二つものがあったら、自分の体験を信じる。しかしそれが普遍的なものではなく、あくまで個人的なものであることも覚えておく。個人の体験を一般化することはできない。これは一例だが、長沙の路上でドリアンが販売されていた。初めて食べたのだが、水分の少ない柿のような味でおいしかった。食べながら、一緒に食べていた方から「ドリアンは世界一においのキツイ果物だ」と聞いて、驚いた。全然イヤなにおいはしなかったからだ。その方も首をかしげていた。世界にはイヤなにおいのドリアンもあるかもしれない。しかしわたしの食べたものは甘い香りだった。「まあ日本人でもメロンが好きじゃないという人もいますからね」といってその方が笑ったので、わたしもなるほどと頷いた。

ある人は強烈なにおいのドリアンに気分が悪くなり、博物館で好ましくない思いをした。

わたしはかぐわしいドリアンをほおばり、女子大生と博物館見学を楽しんだ。

そういうことである。

さて、この博物館見学の日の日記をみると、最後にこう書いてある。

――毎日、とても楽しいです。ありがとうございます。

佐藤力哉（さとう りきや）
一九七九年、秋田県秋田市生まれ。北海道大学大学院修士課程修了。学習塾講師を経て、二〇一七年九月より湖南省長沙市にある湖南大学で外国人教師（日本語）。今に至る。

三等賞

揺れる想いと確かな絆

団体職員　山本　勝巳（愛知県）

「この空港は震度七まで耐えられます」――突如見舞われた大きな揺れに、空港内アナウンスの声が響き、多くの旅行客が足を止める。私はその残響の中、立ち止まる人を横目に出国ゲートへと急いだ。初めて一人で行く中国出張（日本留学説明会への参加）という緊張感がそうさせたのかもしれない。飛行機が飛ぶかどうかにしか関心が働かなかった。

二〇一一年三月十一日（金）十四時四十六分「東日本大震災」発生。私はその瞬間を中部国際空港で迎えた。幸い飛行機は滑走路の点検後、目的地の上海まで飛ぶこと、到着が少し遅れることが分かった。スケジュールに大きな影響がないことを大学に電話で報告し、平常心を取り戻し、機上の人となった。この時、日本が未曽有の危機に見舞われているとは知らずに。

定刻から遅れて上海・浦東空港へ無事に着いた。飛行機から機外へ出る瞬間、中国独特の匂いが鼻を衝く。中華料理の香辛料のようなこの匂いを嗅ぐことで、中国に来たと体が実感し、体内時計のタイマーが鳴り響いて「你好」と号令がかかり、中国モードの自分を発動させる。

いつもと同じように、沢山のスーツケースが列を成すベルトコンベヤーから自分の物を取り出し、空港の中国銀行で日本円を人民元に換金し、盗難に備えて二つのポケットに分けて厳重に保管する。順調な滑り出しに、地震に見舞われたことなど忘れていた。

空港からタクシーに乗り込み、ホテルへ向かった。目的地と到着予定時間を確認した所で、運転手からよくある質問で「どこから来た」と聞かれた。ここで「日本から来た」と言うと中国語が話せるのか、どこで勉強したのか等のやりとりをしながら、自分の錆びついた中国語のリハビリを仕事前に行うのだが、この日は違った。

「日本から？　どうやって来たんだ？」、運転手からの的を射ない質問に困惑したことを覚えている。「飛行機以外にないだろう」と答えた私に、今度は運転手が怪訝《けげん》そうな顔つきで「日本は壊滅したぞ」と言う。私は反日的な考えを持つ人にあたってしまったと心の中で舌打ちをし、「冗談はやめてよ！」と回答すると、彼は「本当だ！」と語気を強めて、勢いよくラジオの電源をつまんで回した。

日本語学校訪問時、担当者と記念に一枚

　ラジオから流れて来る中国語はどれも聞きなれない単語ばかりだった。「マグニチュード９」「津波」「壊滅」。想像を絶する事態に直面し、混乱した私は聞き取れた単語を繰り替えしつぶやくことしかできなかった。運転手は私が受け入れがたい単語をつぶやく度に、「そうだ」と、やさしく見守るように頷きながら私が現実を受け入れることを助けてくれた。

　大地震が起きたことをこの瞬間初めて知り、放心状態となった。出張というよりは日本に帰れるのかといった不安が頭をよぎり、どうしようもない不安で、自分の心は揺れに揺れ、放心状態になってしまったと今は思っている。

　少し沈黙の後、運転手が「家族が心配だな」と話かけてきた。それまで出張や帰国と自分のことばかり考えていた私にとって、第三者を気遣う余裕はなかった。結果的にこの一言がきっかけで、我を取り戻していった。

　盧浦大橋に差し掛かる頃には、落ち着きを完全に取り戻していた。ラジオからは相変わらず恐ろしい中国語が聞こえてくるが、橋から万博会場の中国館を見下ろしながら、運転手に自分が名古屋から来たことを告げ、愛知万博と上海万博の話をしたことを鮮明に覚えている。

ホテルに到着し、トランクからスーツケースを取り出し、運転手に謝意を伝えると、彼は「加油（頑張れ）」と言い残して走り去って行った。私に対してなのか、日本に対してなのか、誰に向けての応援なのか分からないが、励まされたことが強く印象に残っている。

チェックイン後、ホテルの部屋で被災地を襲った燃え盛る炎、押し寄せる津波の映像を見て、改めて事の重大さを認識した。この日は本当に一睡もできなかった。留学も合わせて、中国滞在中に眠れなかった夜はこの日だけである。

翌日、日本留学説明会は予定通り開催された。しかし、私も含めて、日本の学生募集担当者は一様に不安の様子を隠せないでいた。未だに日本現地からの情報は錯綜していたし、このような状況で会場に日本留学希望者が集まるのであろうか、という類の不安である。

結論から言うとこの不安は杞憂に終わった。ホテルのワンフロアを借り切った会場は日本留学を強く希望する学生達で埋め尽くされ、時間の経過と共に熱気を帯びて行った。説明会前半で、持参した大学のパンフレットがなくなってしまうという嬉しい誤算に見舞われた。

ブースにも十名を超える学生が着席し、私が日本人であることが分かると、日本語を使って積極的にコミュニケーションを取る学生も現れた。学費や奨学金、カリキュラムと自分の将来を見据えて、一生懸命質問する学生達の姿に感化され、次第に私も熱が入っていった。

特に印象に残った学生がいる。上海出身の楊君だ。楊君は友達と一緒にブースに来た。当時は学費や奨学金と金銭面に関する質問が多い中、カリキュラムを中心に熱心に話を聞いて、聞き終わって感想を尋ねた時に「自分が勉強したいことができる」と言葉を残して去って行ったからだ。

少なくない手応えを得て、初の単独中国出張を終えた私は帰国の途についた。日本の空港に降りた瞬間、重苦しい空気に包まれた。日本社会が経験した、深い悲しみと苦しみをもって、生み出されたこの空気感。その入口を残念ながら私は知らない。

その後、原発の風評被害等が発生し、大学への出願を辞退する学生が増える中、彼らは試験に合格。二〇一二年四月から大学に通うことになった。合格通知を送ることがこんなにも嬉しいということ、仕事のやりがいを教えてくれたという意味でも、この中国滞在経験は忘れられない経験となった。

時は流れて二〇一八年四月二十九日（日）。二〇一六年三月の卒業式で別れて以来、久しぶりに名古屋へ遊びに来た楊君とカフェで再会した。大学を卒業後、東京の大学院に進学した彼はその大学院も卒業し、日本で就職していた。就職先は秋田県のホテルだという。

名古屋名物の小倉トーストを頬張る彼に、私があの時の相談会での思い出話を切り出すと、楊君は「地震が起きてから、両親に日本留学を反対された」と語りだした。聞けばかなりの反対にあったそうだ。一人っ子であり、両親の強い想いに心が揺れたこともあったが、最後は自分の想いを両親に伝え、反対を押し切り留学に踏み切った。

続けて「あの地震があって、あの相談会があって、今東北で働いていることに縁を感じる、日本に来て良かった」と言う。震災から七年が経過し、人々の記憶が風化していく中で、それでも消せない痛みに寄り添う言葉に、私の心は震えた。また、卒業後も定期的に連絡をくれる彼との絆に感謝した。

思えばあの中国滞在があったからこそ、揺れる想いが生まれ、それでも日本留学に来てくれた中国人留学生ひとりひとりと真剣に向き合うことの大切さを学んだ気がする。当たり前のことだが、自分が心を開かなければ、相手も開かない。何かをすることも大切だが、あのタクシー運転手のように寄り添い、相手の心の声に耳を傾けられる存在でありたいと思う。

日中関係というと、政治や経済ばかりに注目が集まりやすいが、市井の暮らしにこそ物語があり、この民間交流を紡いでいった先に新たな日中関係があると私は思う。私達はあの大きな地震さえ乗り越えた、揺らぐことのない確かな絆で結ばれているのだから。

山本 勝巳（やまもと かつみ）

愛知大学現代中国学部卒。在学中の二〇〇七年三月から二〇〇八年一月の間、中国・北京にある中央戯劇学院に留学。語学だけでなく、趣味である中国雑技や武術を学びつつ、映画やドラマの撮影にも挑戦。留学後は自身の留学体験を踏まえて、日中関係に貢献できる人材を育てたいと思い、教育業界を志す。日本国内の大学職員として九年勤務した後、現在は国際交流基金の日本語パートナーズとして、海外で日本語教育に従事している。

三等賞

中国とわたしをつなぐ二つの「語縁」

編集者　臼井　裕之（京都府）

わたしにとって、最初の中国との縁は中国語を介したものではなかった。

一九八一年、中学生のわたしはエスペラントを始めた。エスペラントは一八八七年に母語の違う人たちを橋渡しするために発表された言語。中国では「世界語」と呼ばれる。インターネットがなかった当時、エスペラントのラジオ放送は短波放送だけで、日本で聴けるのは北京放送（現在の中国国際放送）のみ。祖父が短波用のラジオを持っていたので、放送を録音してもらった。郵送されてきたテープを聴いたのが、エスペラントの音声を耳にした最初である。

エスペラントの雑誌や書籍は世界各国で当時も今も出版されているが、あの頃の中国のエスペラント出版物は驚くほど安かった。一九五〇年に創刊された対外広報誌El Popola Ĉinio（中国語では『中国報道』）は三年購読して三千円ほど。分厚い魯迅小説集エスペラント版が千円くらい。この本は、今でも大切に持っている。

一九八四年には、当時の胡耀邦総書記が提案した日中青年友好交流が挙行された。招待されて訪中した三千名の日本の青少年の中に総勢五名の小さなエスペラントの代表団も混ざっていて、高校生だったわたしもその一員だった。生まれて初めての海外旅行。体調を崩して国慶節の式典の最中に鼻血を出し、救急車でホテルに送り返されたりもした。でもそれも含めて、十日間の中国での滞在は忘れられない体験になった。

中国に行くならば、やはり中国語もやらなくては。そう思ったのだろう。中国に行く前に近くの公立図書館で、今はもう見られないソノシート付きの中国語の入門書を借りてきた。母には中国語がペラペラになって帰ってくると豪語したが、もちろんそんなことはありえなかった。大学生になって中国語の学校に通ったが、最初の三カ月は発音と声調でみっちりしごかれた。三カ月であえなく

2013年6月、中国報道雑誌社での第1回エスペラント講座の後で

脱落。こうして中国語をマスターすることは、わたしにとって生涯の悲願となった。生涯の悲願といえば聞こえはいいが、要は成就のかなわない夢ということである。

一九八〇年代、中国では四つの現代化のための外国語学習熱が高まっていた。エスペラントも流行し、全国で数十万人が学習しているといわれていた。一九八六年に北京で開催された第七十一回世界エスペラント大会に参加したところ、中国人は自分の住んでいる地域、または職場の代表に選ばれないと参加できないのだという。会場になった北京の友誼賓館の周囲には、代表になれなかった人たちが群がっていた。なんとか外国人参加者とエスペラントでことばを交わし、友だちになりたいという一途である。改革開放の進んだ今では考えられない光景だ。

ところが一九九〇年代に入ると、中国語を習得できなかったこともあって、中国とは縁遠くなってしまった。それでも中国とわたしとの縁は切れてはいなかった。二〇一一年三月十一日、私が公務員をしていた東京も東日本大震災の揺れに見舞われた。関西出身の妻は具合が悪くなり、地震の二カ月後には東京から出ていくことを選択した。わたし自身はどうするのか悩んでいるとき、かつて購読していたEl Popola Ĉinioが外国人編集者を募集していることを知った。半ばやけで応募してみたら、二カ月ほどしてわたしを受け入れるというメールが届いた。二十一年間務めた公務員をやめていいのか。自分で応募しておきながら、大変に悩んだが、結局二〇一二年三月二十六日、わたしは北京行きの飛行機に乗っていた。しかしその時は、それから六年もの長きにわたって北京に住むことになるとは、思いもよらなかった。

二十六年ぶりに北京に来てみると、かつての月刊誌はウェブサイトになっていた。わたしの主な仕事は、サイトに載る翻訳のチェックと中国体験記を書くことだった。

六年間の北京滞在は、一方では恩返しのためだったのかもしれない。かつてわたしが初心者のとき、ラジオの放送や雑誌、本を通じてお世話になった中国のエスペラント界に対する恩返しである。北京に住み始めてみると、一九八〇年代の熱気はすっかりなくなっているのが分かった。もう十年近く、エスペラントの市民向け入門講座もやっていないという。そこでボランティアでエスペラントを教えたいと申し出た。五年近く教え続けた結果に必ずしも満足しているわけではないけれど、わたしが教えた人たちのうちで、何名かの若い人たちはずっとエスペラントを続けてくれると思う。

北京滞在はもう一方で、わたしに中国語を習得させるためだったような気がする。神様がわたしに最後のチャンスをくれたのだ。といってもこちらは、もう四十代のれっきとしたおじさん。エスペラントや英語を勉強したころの真面目な若者ではない。いろいろ遊びを覚えてしまった大人に、地道な語学学習は至難の業だった。しかも住居の契約など生活上の重要なことは、エスペラント部門の同僚が同行して通訳してくれる。留学生だったらいきなり中国語だけの生活に放り込まれるわけだから、ずいぶん甘やかされていたものだ。

それでも四六時中同僚が、一緒にいてくれるわけではない。住んでいたのも職場の近くで、外国人はあまり見かけない地域だった。毎日少しは中国語を使わないと生活していけない。北京で最初に住んだ所の一階には、家族経営の小さな「超市」（スーパー）があった。近いので毎夕買い物に立ち寄っていたら、ほどなくしてご主人に「あんたはどこの国の人だい」と訊かれた。「リーベン（日本）」と答えるが、四回繰り返しても通じない。仕方がないので空中に地図があるつもりで、身振りを交えながら中国語で「ココガ中国、ココガ韓国。ソシテコレガ日本。ワカリマスカ?」とやったら、やっと分かってくれた。情けない。一事が万事こんな調子だった。

六年間北京に住んでいたのに中国語のクラスに通っていたのは初めの一年、終わりの二年、合計で三年というところにおじさんの不真面目さが表れている。終わりの二年は滞在が四年を過ぎても相変わらず発音がなかなか通じないので、業を煮やして大枚をはたき一対一のレッスンに通うことにした。先生はほとんど若い女性。大切なことである。おじさん俄然やる気がでた。あるレッスンのとき、ふと先生に言われた。「臼井さんの中国語はあまり日本人っぽくないですね」。褒められるのかと期待した。あにはからんや、「日本人で中国語を勉強している人が話すとき、正直あまり流暢ではない。だけど口を開くと、結構正確な中国語が出てきます。あなたはペラペラしゃべるけども、中国語の文法にシステムがない(你的中文語法没有系統)」。返す言葉がなかった。もっともこの先生も含めて二年間教わった先生たちは、おじさんの中国語が上達するようにといろいろと工夫をしてくれた。今のわたしの中国語が前よりも少しは形をなしているとしたら、彼女たちのおかげである。

中国にいると気が付かないが、中国国外に出ると中国語の有難味が分かる。昨年一月、タイのエスペラント合宿に講師として呼ばれた。ある晩、タイ人、ベトナム人、フランス人、それにわたし(全員もちろんエスペラントができる)で食事に出かけた。町の食堂に入って、タイ人の仲間がオーナーとタイ語でしゃべっている。それを見ていて、なぜかオーナーは華僑ではないかと閃いて、中国語で話しかけてみた。帰ってきた答えは「おれのオヤジは福建省の出身さ」。それからしばらく、オーナーと中国語で話に花が咲いた。中国語ができるようになって、本当によかったと思ったものである。

中国への扉を開いてくれたエスペラントに、そしてこれからもいろいろな扉を開いてくれるだろう中国語に「非常感謝」(どうもありがとう)。

臼井裕之(うすい ひろゆき)

一九六七年東京生まれ。一九八一年にエスペラントを学習開始。一九九一年早稲田大学政治経済学部卒業、同年四月から二〇一二年まで杉並区役所に勤務。二〇〇一年青山学院大学国際政治経済研究科国際コミュニケーション修士課程修了。二〇一二~一八年中国報道雑誌社に勤務。共著に『言語的近代を超えて:多言語状況を生きるために』(明石書店)、翻訳に『エスペラントの民の詩人:ウィリアム・オールド詩集』(ミッドナイトプレス)など。

三等賞

沙漠から学んだ
―中国の人たちの逞しさと笑顔―

日本語教師　古田島　和美（江蘇省）

六十一歳、元中学教師。その私が、現在江蘇省の常州大学で日本語を指導している。なぜ、ここで日本語教師をしているのか、そのきっかけは、一九九四年に遡る。

一九九四年八月、中国内蒙古で沙漠緑化活動を推進していらした鳥取大学名誉教授遠山正瑛先生の講演会に参加した。先生の講演は、強烈だった。果てしなく広がる中国の沙漠の緑地化は不可能とも思えた。しかし、「やればできる。やらねば何事もできない」、そう言いながら見せていただいた沙漠の緑地化の写真は、不可能なことが可能になる証明だった。感動した。先生は、こうもおっしゃった。「知恵のある人、知恵を出す。金のある人、金を出す。力のある人、力を出す。誰でも人の役に立てる。一度来てごらん」。先生の言葉は魔法のようだった。

主人と私は、一年間の準備をして翌一九九五年十月「緑の協力隊」に参加、内蒙古へ行くことを決めた。主人は会社で緑化ボランティアを募り約二十名のチームを結成した。私も、上司や教育委員会のご理解を得て参加することが決まった。ただ事前研修で聞く中国の環境や生活には不安が募った。しかし、遠山先生の九十歳を超えてなお中国の人々の為に人生をかけていらっしゃる姿に、そんな弱音は恥ずかしいとも思った。

そして、とうとう出発の日、私達は、緑化活動に必要なスコップ、地下水を吸い上げるためのポンプ、ホースなどを大量に持って成田空港に集まった。夜、飛行機から見た北京の街灯りは心細くなるくらい暗く、北京空港も小さかった。預けた荷物がなかなか届かず、皆は緊張で一杯になった。この活動はどうなるのだろう、不安がピークに達しようとした時、「荷物が届いた！」と大きな声が聞こえた。なんと、預けた荷物を小さな三輪車でおじさんが運んできたのだ。おじさんは荷物を手渡しながら「何か工事でもするのかい」「それとも売るのかい？」と、ニコニコ笑いながら聞いてきた。内蒙古の沙

1997年、内蒙古自治区恩格貝沙漠緑化研究所にて。遠山先生、桃ちゃんと

漠へ行って緑化活動をすると答えたら、すぐさま「謝謝！　謝謝！」「辛苦了」と言って熱く手を握ってくれた。おじさんの笑顔と謝謝は、私たちの不安だった心を一瞬で溶かした。

翌日、北京駅から寝台列車に乗り十三時間、内蒙古の包頭市に到着。それからシュノーケルのついた小型バスに乗ってクブチ沙漠を走った。黄河を浮船で渡り、雨が降ると濁流になるという小さい川をバスを押しながら歩いて渡った。沙漠の中、砂埃を上げ、バスの天井に頭をぶつけながら五時間、突然蜃気楼のように恩格貝の沙漠緑化研究所と緑の森が見えた。遠山先生は、いつもの作業着長靴姿で出迎えてくださった。

到着してすぐ作業は始まった。私たちは朝から夕方まで、黙々と砂を掘り、そこにポプラの苗を植え続けた。きめ細かい砂は、掘っても、掘っても崩れる。足場にも力が入らない。やっと掘れた穴にポプラの苗を置き、砂を少し埋め戻す。ポンプでくみ上げた地下水に保水材を入れ、布バケツ一杯の水をかける。しっかりと根付くように更に砂を埋め戻した後、苗を抱えながら何度も周りを踏み固めた。一本一本の苗木は、まさに私の娘であり、教え子だった。その苗木をしっかりと抱きしめ「過酷な環境に負けるな」「真っすぐに大きく伸びろ」と願った。

現地の人達との交流も忘れられない。

緑化研究所で働いていた羊飼いの楊さんご夫妻は、自宅に私たちを招き気前よく貴重な白酒をふるまってくださった。私たちはいい気になって白酒を飲み、あっという間に空になった。すると、楊さんは少し驚いたような顔をして、それでも大切なものが入っている長持ちの中からさらに一本の白酒を笑顔で出してくれた。翌日現地スタッフから、楊さんの一日の賃金でやっと一本の白酒が買えると聞き、私は申し訳ない気持ちで一杯になった。その夜、私は主人と白酒をお土産にお詫びに行った。楊さんご夫妻は、日本人の老朋友ができたと喜んでくれた。それから楊さん夫妻と私達との付き合いは何年も続いた。

沙漠の小学校も訪問した。上級生からもらい真っ黒に書き込まれた教科書と小さな石板を使い、目を輝かせて学ぶ子供たちがいた。学ぶ喜びが体中に溢れていたことが忘れられない。

夜空一杯の星や月明かりがこんなに明るいものだと改めて知った。沙漠に寝転んで夜空を見上げると信じられないほどの星や流れ星、人工衛星まで見えた。過酷な環境の中でも忍耐強く生きる中国の人々の逞《たくま》しさ、そして彼らの人懐こい笑顔は、私が忘れかけていたものを思い出させてくれた。

その後、この緑化事業は日本でも大きな話題になった。テレビでも百万本のポプラ植林達成と放映された。また、中国国内でもこの活動が注目され、遠山先生は中国の十大国際友人に選ばれた。

貧困を生む沙漠化問題、人々は生活の為にやむなく木を切る。そのためさらに沙漠化が進み悪循環を繰り返す。人の力は誠に微力だ。しかし、ボランティアの植えたポプラは森を作り土壌を変え、作物ができる土地に変わっていった。実際に沙漠でできたお米、ジャガイモ、紅花、ブドウなどをこの目で見たときの感動は忘れられない。私は、熱に浮かされたようにこの体験を娘や教え子に語った。

そして二年後、私達は小学生の娘も連れて再びクブチ沙漠へ行った。私が想像した以上に娘の感動は大きかった。北京から同行してくれた中国事務局のお嬢さんは娘より一歳下で、お互いを中国名で呼び合う仲になった。ボランティアで参加する大学生達からも娘は人としての生き方を学ぶことができた。

それから、私達家族は、二、三年に一度クブチ沙漠へ行った。北京空港は世界でも有数な巨大な空港になり、町も近代的になった。年々進歩発展していく中国の姿に私は高揚感を覚えた。「遠山先生の足元にも及ばないが、私も元気なうちに中国で何か役に立ちたい！」。中国へ行くたびにその願いは膨らんでいった。そしてその願いは、突然叶った。

　二〇〇八年、夫が仕事で中国江蘇省に赴任することになった。翌二〇〇九年大晦日に私と娘は単身赴任の夫を訪ねた。その時、一緒に食事をした方から中国の大学で日本語を指導しないかと誘っていただいた。願ってもないことであったが、当時私はまだ現役の中学校教師であったし、主人の両親が高齢で心配でもあった。躊躇した。しかし、中国側ではどんどん話が進み、運命に背中を押されるように、二〇一〇年三月三十一日に早期退職し四月二日に退職の余韻に浸る間もなく江蘇省常州紡織学院に赴任した。とにかく誰からも呆れられた。唯一賛成してくれたのは、私の父と娘だけ、頑張ってと励ましてくれた。

　赴任した常州紡織学院では誠実で親切な先生方と素直で真面目な学生たちに恵まれた。朝早くから夜遅くまで自習に励む学生達、たった二年で日本語能力試験に合格することも驚きだった。学生たちの作文や発表を聞き涙することも度々だった。学生たちの熱意に応えるため、授業の他、日本文化の紹介やスピーチやコンテストの指導も精一杯行った。二〇一三年から現在の常州大学に異動し、気がつけば八年も過ぎ今に至っている。学生たちの成長が何より嬉しい。日々ドラマの連続である。

　確かに、一九九五年当時には想像できないくらい中国は発展している。学生の服装や生活も激変している。学生も日本語を学んで日本へ行くことが夢だったが、今は入学前や長期休暇になると家族や友人と日本旅行へ行き、日本留学のチャンスも増えた。それでも今もここに私がいるのは、当時と変わらない中国の人たちの逞しさと人懐こい笑顔があるからだ。

古田島 和美（こたじま かずみ）

一九五六年愛媛県生まれ。一九七八年愛媛大学教育学部卒業後、愛媛県と茨城県で三十二年間公立学校教師を務める。一九九五年から鳥取大学名誉教授の遠山正瑛先生が推進されていた内蒙古自治区の沙漠緑化活動に家族と参加している。二〇一〇年四月から中国江蘇省常州紡織職業技術学院に勤務。二〇一三年九月から現在まで常州大学に勤務。日本語教師歴八年半。

三等賞

二人だけでする初めての旅

団体役員　中道　恵津（静岡県）

一九九九年八月末、私は、山東省の美しい海浜都市、青島の私立大学の日本語教師となった。

ところで中国語はといえば、夫は一言も解さず、私の方は今でも流暢とは言えないが、そのころは今よりもっとお粗末だった。

経済の急成長期の中国では、犯罪が多発していた。だが幸いなことに中国での七年間、私たちは、犯罪の被害者になったことがなかった。それどころか、数え切れないほどの無償の親切をたくさんの人々から受けた。それは、人を容易に信じられなくなってしまっている今の日本では、失われてしまった温かさといったら言い過ぎだろうか。人の善意とは信ずるに足るものであるということを、私は中国の庶民たちから教えられた。

同年十二月二十日（月）はマカオ返還の祝日だった。その日は学校も官庁も全国一斉に休日という国務院の布告が出された。テレビは連日お祝いムードの番組を流し、誰もが、「澳門回国」と合言葉のように言いたて、香港に継ぐ最後の植民地の返還に国中がお祝いムードで沸き立っていた。

突然出現した土日と合わせての三連休を有効に使わない手はない。

かねて話に聞いていた山東省中部の町、臨淄の殉馬坑に出かけることにした。

休日の一日目は臨淄行きの長距離バスの情報を収集し、出発は明くる日曜日早朝と決めた。うまくいけば日帰りできそうな距離だし、一泊したところで月曜日は休みだ。行くとなったら少し緊張してきた。中国に来て、私たちだけでする初めての旅だ。すべては私のおぼつかない語学力にかかっている。

当日、青島開発区を朝六時出発の長距離高速バスに乗った。定員十五～六人程度の小型のマイクロバスだ。ところで私たちは、乗ったバスが臨淄を経由すること以外は何も分かっていない。現地の情報は事前に全く手に入れることができなかった。

「臨淄に行きたいので、着いたら教えてください」と車掌に告げた。すると、その声を聞いて乗客の一人が膝

2000年7月チベット旅行、タクツェの古寺ガンデン寺にて夫と

を乗り出してきた。臨淄のどこに行きたいのか、自分は臨淄の人間だからよく知っていると言う。ところが彼の言葉がよく聞き取れない。話し方が速いし山東なまりもあるが、こちらの聴解力の問題でもある。

三十歳代半ばと思われる彼は身なりもきちんとしている。終始熱心で親切だ。こちらの理解の不十分なのを確かめ、何度も繰り返し説明してくれる。狭い車内だからみんなが聞き耳を立てている。私はバスを降りたところでまた聞けばいいと簡単に考えていたから、彼の説明が十分理解できなくても心配しないでいた。

山東省の地図を広げ、途中の通過地点の地名を確認していく。出発してから三時間半ほど過ぎたころ、前方に建物が点在してきた。時間からいっても臨淄に着くころだ。すると例の親切な男性が私たちに合図し、臨淄に来たと言った。そして車掌に停車を命じた。

私たちより先に彼もバスを降りた。あたりには人家もなく、舗装道路の際まで畑が迫っているようなところだ。

とりあえず誰か居ないかな、と回りを見回していると、先に降りた彼が道路の中央近くまで歩み出て走行中のタクシーを停めた。それから道路わきに寄せたタクシーに近づき何やら話し込んでいる。と、私たちを手招きした。

そして「このタクシーで行くといいです。殉馬坑などは離れていて遠く、バスの便も無いから」という。さらに続けてポケットから手帳を出すとペンでなにやら書きつけ、破ってよこした。

「これは私の携帯電話番号です。運転手にはきびしく言っておいたが、彼があなた方を外国人だということで騙《だま》すようなことがあったら、ここに電話をください」。それからその人はもう一度タクシーの運転手に向かってかなり高飛車な、脅すような口調で何か言い、私たちには笑顔で「いい旅を」と挨拶をし、道の反対側へ渡ったと思ったら、丁度来たタクシーを止めて走り去った。今来た方向へと。なんと、彼がここで降りたのは私たちのためだった！

若くもない外国人二人がろくな中国語もしゃべれないで田舎にやってきた。その様子に心もとないと思ったのかも知れないが、のっけからこんな親切な人に出会うなんて！　凍てつくような雪模様の曇り日だったが、私たちの心は何やら温かいものでいっぱいになった。

見学は順調に済んだ。あたりは流しのタクシーなど絶対拾えないほどの田舎であることは、来てみてよく分かった。もしもバスの中であの親切な人に出会わなかったら、結局は車をチャーターするしかないとしても、このように順調にはことが運ばなかったにちがいない。

さてこのまま帰るのも惜しい。どうするか。持参の地図を開いてしばし眺める。臨淄からまっすぐ北上すれば黄河が渤海に注ぐ河口に行き着く。

突然黄河を見に行きたいと思った。夫も乗ってきた。運転手にそこまで行ってと頼んだら、彼、即答をしない。この運転手はなぜ行かないのか。私の乏しい語彙から推理するところ、「往くのはいいが帰りが遅くなるから困る」ということと判断。なるほど、私たちは向こうに泊まればいいのだが、彼は戻らなければならない。そこで黄河方面に行くバスが通過する近くのバス停まで送ってもらって、運転手にさよならをした。

地図でまっすぐ北上したあたりの町で今晩泊まれば、明日は黄河を見て青島にはその日のうちに戻れるだろう。やってきたバスに乗り込んで早速座席のそばの人に黄河河口に行きたいのだがどこで降りればいいかと訊ねた。

田舎の人たちはなんとも気がいい人たちだ。こちらの質問の合い間にいろんなことを聞いてくる。どこから来たのか、旅行か、あんた方は歳は幾つだ。これらはいつでも訊かれる常套の質問だが、好奇心丸出しの彼らの顔には何ともいえない親愛の情が溢れていて、バスの中は時ならぬ日中交流の場となった。

二時間位走っただろうか、冬の日はとっくに暮れて外は真っ暗だ。もう通過する地名を確認することもできない。気温はぐんぐん下がっている。

突然バスはどこかのターミナルに入った。降りる乗客の誰かが向こうのバスに乗れと背を押す。

猛烈に寒い。こんな寒さを予想もしていなかった。大体中国で初めて冬を迎える私たちは、全く無防備だった。田舎のバスはエアコンなどもともと無いのである。おんぼろバスの窓ガラスもピタッと閉まらない。寒い寒いと身を縮めている夫の様子を見かねたのか、ひとりの若者が自分の着ていた緑色の棉大衣を脱いで、夫に着るように勧めるのである。寒いのは私たちだけではないのだから、それはいけないと夫は何度も辞退したが、相手は笑顔で、いいからいいからと無理やり着せ掛ける。

恐縮しながらも夫は、温かいよと嬉しそうである。コートを脱いだ若者はドアの近くにいるのに、鼻歌なんか歌って、寒い風が吹き込むのをものともしないふうを装っている。近くの乗客たちは好奇心いっぱいの顔をして、またしても私たちを質問攻めにする。

とりあえず今晩泊まるホテルを探さなくてはならない。隣の気さくな女性に訊くと、黄河飯店がいいという。バスターミナルからそう遠くないし、以前知人も泊まったが悪くなかったという。

バスは終点の東営という街に着いた。

長いバスの旅だった。

真っ暗の中、ホテルを見つけられるかしらなどと考える間もなく、さっきの女性が私たちの背を押してタクシーに押し込み、最低料金でいけるから大丈夫といい、お礼を言う私たちに笑顔を向けて足早に消えた。

中道恵津（なかみち えつ）

一九四二年生まれ、大学卒業後静岡県の社会科教員に採用され、沼津市内の中学校で三十四年間勤務。日中技能者交流センターの事業（中国国家専家局と提携し、主として退職教員を中国の大学等に日本語の外籍文教専家として派遣する）に応募、採用されたため一九九九年退職。三週間の研修を経て同年八月、山東省青島濱海学院に派遣される。日語科教員として三年間勤務の後、二〇〇〇年八月遼寧省瀋陽師範大学に移り四年間勤務。二〇〇六年夏帰国。

三等賞

あたたかさを伝える勇気

大学生　須田　紫野（福岡県）

高鉄は山に囲まれて菜の花の咲く田舎道を進んで行く。その時の私の心は閉じていた。景色は、車内の喧噪や案内放送は、目に入り、耳に入り、すぐに消えてしまう。何もかもが、心の内側に入る隙もなく金属の鈍い光のように跳ね返されていっている。

中国に来て最初に滞在していた友達の家を後にして、吐く息もまわりの人のふかすタバコも白く立ち上る高鉄の駅にひとり立ったとき、さすがに「中国で一番行きたい場所は桂林」とわくわくしていた私もとうとう堪えきれなくなって、心の中に焼き付けた、友達の家で受けた歓迎を、ゆっくり、そして静かに、脳裏でスライドショーのように再生しながら、はじめての「海外一人旅」の重さをかみしめたのだった。今さら日本でも一人旅をしたことがなかったことに気づく。自分でどうしても桂林に行きたい、と選んだのに、あれほどまで旅行計画を立てながらぞくぞくしていたのに、高鉄に何時間も一人で座っていると、寂しくて、一人だから心配で、一人で生きていけるか不安で怖くなっていた。目的地に着いたら、中国語しか伝わらない。中国語を学んではいるものの、ままならないし、きっと中国語が話せない辛さに圧倒されて風景も印象に残らないかもしれない、とまで思った。

桂林駅に着いて、流されるように大通りに突入した。繁華街を歩きながら、からだ中で、中国にいることを感じる。肌寒さの間にあたたかさの混じったゆるい風、レインボーのネオンサイン、金木犀ケーキの匂い、店のBGMのやけに依存性のあるポップソング。どきどきする。露店で焼き鳥を買ったとき、お店のおじさんに「日本から来たんだ！　中国はどう？」と嬉しそうに聞かれて、「すごく好き！」と答えたら、おじさんがものすごい笑顔になった。嬉しかった。心の硬さがだんだん溶けてゆく。幸せの連続。夕食を食べる時も店員さんがわざわざ箸を取って来てくれて、ひとりでいる私にずっと話

地理の教科書で、桂林ほど私を引き込むものはなかった。写真は、私が初めて中国語で写真を撮ってもらうことを頼めた時のもの

しかけてくれた。川下りでは、ガイドさんに「日本人なら書いたら分かるかな？ 分からないことあったらいつでも聞いてね」と言ってもらえたり、わたしだけ丁寧な説明してもらえたり。いっしょにお昼ご飯を食べたある家族からは、食べ方だけでなくおいしいところを説明されて、そのおいしいところをまるまま分けてくれた。桂林を発つ時たまたま会ったおじさんは「日本人に会ったのははじめて！ ご飯おごれて嬉しい」と言ってお昼ご飯をごちそうしてくれた上、飛行機を待っている時も私のことを気にかけてくれて、到着後のバスチケットまで手配してくれた。絶対に私は間違えた中国語を話しているし、発音もなまっているし、聞き取れなくて相手にもどかしい思いをさせてしまっているはずなのに。出会ったたくさんの人が、同じことを私が分かるまで何度も言ってくれて、「中国語、上手だね」って褒めてまでくれる人もいた。

　びっくりした。私は自分がすごく歓迎されていることに気づいた。

　打ちのめされると思っていた。中国に行くのはもういいやと思ってしまうと思っていた。でも、実際はその逆だった。中国って、中国人って、すごく熱い。申し訳なくなるほどのあたたかさ。他人への愛。時間、労力、お金、そんな全てを他人のために使うこと。中国にいて、ほんとうに溢れるぬくもりを幾度も感じた。私は中国人から学ぶべきこと、学ばなければならないことがたくさんある。中国人の優しさがあったからこそ私は旅を楽しめたし、当初の目的であった風景を味わうことも達成できた。春霞の間にぼうっと見えて、でも力強いタワーカルスト。川は広くて穏やかで、どこまでも流れてゆくようだ。反日ってどこにあるのだろう。一部のことが全部として伝えられてはいないか、と季節外れの金木犀の匂いに包まれて思った。

私が中国に興味を持ったのは六年前、中学三年の時に初めて中国に行った時だ。新聞社の事業だったのだが、中国に特別な思いがあったわけではなく、海外に行ってみたかっただけだと思う。中国語は一言たりとも知らなかったし、自分の名前の中国語読みすら分からなかった。周りには日本人もたくさんいたけれど、それ以上に中国語が溢れていて、話している日本語の間に中国語が聞こえて、見えて、取り憑かれているようで、私だけ置いていかれている気持ちがした。テレビも、新聞も、看板も、全て中国語。かなわない、逃れられない、と思った。怯えるほどの疎外感だった。自分がはっきり覚えている中で初めての海外とは、こんなにも斬新で新鮮で、そして苦かった。

「絶対に中国語を学ぶのだ」と決め、大学に入り念願の中国語を習い始められて、思っていたよりもずっと面白いことに気づいた。それでも正直に言うと、今回中国に行く前は私の中で中国にいる中国人は、留学生とは違って日本に興味はないだろうし、もっとぶっきらぼうで、愛想がなくて、些細なことで腹を立ててしまうかもしれないと思ってしまっていた。ようやく、「中国語が好き」に、「中国が、中国人が好き」という思いが加わった。

行かないとたまらなくなるほど、中国が、中国語が好き。自分でもよく分からないくらい好きだ。

旅をする前は、人に出会うことも、笑顔に、優しさに出会うことも期待してはいなかった。桂林は地理の教科書で写真を見た時からの憧れで、今回の旅でも、ただ風景が見てみたいと思って行くことに決めたわけである。それが、実際タワーカルストを初めて見た感動よりも中国人への感謝が大きいのだ。人とは本来あたたかいのだと思う。文化も習慣も言葉も違うけれど、日本人でも、中国人でも、それは同じ。確かに、すぐにステレオタイプ、偏見を生んでしまうけれど、一度イメージが作られたら壊すのには相当なエネルギーがいるけれど、私は自分が体験することでこんなふうにより一層まっすぐ物事を見られるようになりたいし、こんなあたたかさをまわりの人に伝え、本当の姿というものを体験しにいく勇気を与えたい。もっとたくさんの中国人に出会いたいし、他の日本人にも出会ってほしい。

日本に帰ってから、出会った人の中には、「連休だけど一緒に旅行できるかな?」とメッセージをくれる人もいれば、「中国に来たら案内するからね」と何度も言ってくれる人もいる。私のタイムラインにコメントをしてくれる人もいる。そんなメッセージを見るたびに一人旅の怖さが、寂しさが幸せに変わった瞬間瞬間を私は思いださずにいられない。そして、中国のことをもっと理解したい、中国語をもっと勉強したい、もっと頑張らなくちゃ、と思うのである。

中国にまた行きたいのは、単にご飯をおごられたいから、案内されたいから、ではもちろんない。ほんの数日の間に、渡航前には分かり得なかった熱烈な歓迎に出会った。中国人がこんなに熱いとは知らなかったし、こんなに親身になってくれて、人を助ける精神に溢れていて、中国語の不自由な私にも決して特別な感じではなく、できることを尽くして面倒を見てくれるとは想像すらしていなかった。私にはないもの、忘れているもの、普段日本では感じにくいもの。そういうものを見つけたいから、ますます中国に惹かれるのだ。

須田 紫野（すだ しの）

現在、九州大学理学部二年。大学に入学してから念願の中国語を習い始め、中国人留学生に初めて出会い、ますます中国が好きになり、彼らとルームシェアをしたり、中国語スピーチコンテストに出場したりしている。専攻は生物学で、あたたかさや熱意の他に科学というツールがあれば、もっと大規模に国際交流を促進できると思っている。将来、異文化の理解と科学の力を使って、文化の違いの橋渡しができる人になることが夢。

三等賞

「賽翁失馬」アキレス腱を切って知った中国人の懐の深さ

ドラッグストア勤務　大北　美鈴（東京都）

私が中国に滞在していたのは遡ること二十二年前。一九九六年から一九九八年の約二年間である。思い返せばたったの二年間という短い期間であったが、忘れることができない数々の経験をし、今でもその体験が心の支えになっている。

中国で体験した中で一番忘れることができない体験といったら、真っ先に思い浮かぶのがアキレス腱を切り中国で手術したことだ。まさか、中国で大きな手術をするとは思ってもいなかった。

一九九七年春、私は河北省の河北大学に転入した。なぜなら以前学んでいた大学は日本人留学生が多く、中国語を学ぶためにはあまり環境が良くなかったからだ。河北大学は日本人留学生も少なく、以前より中国人の友達も増えた。河北大学での生活にもだいぶ慣れた頃、私は空手の練習をしている時にアキレス腱を切ってしまった。夏休みに中国南方一人旅を計画していて護身用に空手を学んでいたのだった。動きがゆっくりな太極拳だったら、もしかしたらアキレス腱を切っていなかったかもしれないが……。丈夫がとりえで生まれてこの方手術もしたことのない私が、まさか中国で手術を受けるだなんて思わなかった。脊髄への麻酔の注射が怖くて泣きそうだった私の手を、看護婦さんがずっと握ってくれた。先生も私のことを気にかけてくれ、優しく声を掛けてくれたことを今でも覚えている。手術の後、私は足の付け根からつま先までの長いギプスをはめられ、松葉杖で移動する生活を余儀なくされた。ギプスが長いので当然だが足を曲げたりしゃがんだりすることができなかった。何か物を落としても拾うこともできず、松葉杖なので何かを持って移動するのがとても大変だった。手を怪我するより足を怪我する方が大変なのだと改めて知った。恥ずかしい話、パンツを履くことすら一人では難しかったのだが、河北大の中国人の友達が手伝ってくれた。衣服着脱の介

お世話になった北京のお父さんとお母さんと一緒に食卓を囲んで。
1997年8月撮影

助や洗濯等、時にはお風呂に一緒に入って身体を洗ってくれた。ある友達はお昼にいつも学食からマントウを買って届けてくれた。地方出身で厳しい生活の中なけなしのお金で毎日のように、マントウを届け励ましてくれた。自分の肉親でもないのにここまで親切にしてくれるなんてと感激した。

しばらくしてギプスも外れた頃、大学は夏休みに入り友達はほとんど帰省して、私は一人寂しく留学寮で過ごしていた。そんな時「暇だったら遊びにおいで」と北京に実家がある中国人の友達が誘ってくれた。お言葉に甘えて遊びに行かせてもらったのだが、結局二週間もの長い間ホームステイさせてもらうことになったのだった。友達の家では、毎日のように美味しい中華料理を振る舞ってくれ、時には家族一緒に皮から餃子を作って、皆で美味しく頂いた。私は代わりに手巻き寿司やコロッケなどの日本食を作って、みんなで食べた。友達の家のクーラーの効きがあまりよくなかったのだが、気を遣ってくれていつも夕方になるとお父さんが夕涼みに誘ってくれた。上半身裸で夕涼みするおじさん、歩道橋の上なのに自分の家から椅子を持ってきて夕涼みするおばさん。北京の人達はとても素朴でおおらかだった。自分の子供の友達とはいえ、突然来た外国人を二週間もご飯を作って泊めてくれる、そんな人達が居るだろうか？　もし私だったらそんなことは到底できない。しかも後から知ったのだが、お母さんは小さい時に戦争で日本軍が自分達の住む村にやって来て目の前で母親を殺されるという、とても辛い経験をされていた。自分の親を殺した者たちと同じ民族の日本人である私にこんなに親切にしてくれるなんて、どうしてそんなことができるのだろう。なんて懐の広い温かい人達なんだろう。

　私は中国でアキレス腱を切り手術をするという災難にあったが、この経験をしなければきっと中国人の懐の深さにも気付かなかったと思う。アキレス腱を切るという大怪我をしたおかげで、中国人の優しさ、温かさに数多く触れることができて良かったとつくづく思っている。

　留学を終え帰国をして二十年ほど経つが、今でも留学時代に仲良くしていた友達とずっと交流は続いている。八年前、留学生寮のルームメイトだったドイツ人の友達の結婚式に娘を連れてドイツまで行ってきた。そして昨年は再び娘と共にドイツにルームメイトに会いに行ってきた。私とルームメイトとの会話はもちろん中国語。中国語を学ぶことがなければきっとドイツに行く機会もなかっただろうし、ドイツ人の友達もできなかったと思う。その他にも、アキレス腱を切った時にお世話になった中国人の友達が二人も東京に遊びに来てくれた。二人とも留学以来の再会で、二十年近くぶりに会って話すことができて本当に嬉しかった。そしてそのことがきっかけで、ホームステイさせてもらった北京のお父さん、お母さんに会いに中国へ行くことになった。今から再会がとても楽しみだ。

　昨年久しぶりに中国語を話す機会ができて、せっかくできた海外の友達と会話ができなくなってしまうのは嫌だと思い、久しぶりに中国語の勉強を再開した。四十歳を過ぎての勉強は、なかなか頭に入っていかなくて大変だが、毎日少しずつ勉強をし今年の春、中国語検定三級に合格した。次はもっと頑張って二級を取りたいと思っている。仕事でも中国語を使う機会がある。ドラッグストアで今年の春から働き始めた。薬の専門用語は難しいので時々上手く言えなかったり聞き取れなかったりすることもあるが、中国、台湾、シンガポールなどいろいろな国の外国人と中国語で会話ができてとても楽しい。

　この頃は高校生になった娘も中国語に興味を持ち始め、一緒にテレビの中国語講座を見て中国語を勉強したり、中国で流行っている歌を一緒に歌ったりしている。中国にはとても素敵な歌や映画があるのに、なかなか日本に浸透していないことはとても残念だと思っている。私が留学した二十年前と今を比べても、日本と中国の文化交流はさほど変わりがなくあまり進んでいないと思う。日本人が中国人に対するイメージは、正直あまりいいイメージではないと思う。きっと多くの日本人が中国人は路上で大声で話したり、日本の物を辺りかまわず爆買いする人ばかりだと思っているのではないかと思う。そんな人も中にはいるが、私が知り合った中国人は、穏やかで優しくて情に厚い親切な人達だ。また中国人にも日本人に対して先の戦争で日本人が行った悪い振る舞いをずっと覚えていて、あまり良くないイメージを持っている人も少なくないと思う。千年以上前から交流があり、お隣の国でもあるのだから、もっとお互いに歩み寄って仲良くなれたらいいなあと思っている。

そのために私ができることはなんだろう？　今の私ができることは、ほんの些細なことだが日本に来た中国の人達に親切にしてあげることだと思っている。私の住んでいるところはディズニーランドに近いので、駅でよくディズニーランドに遊びに行く中国人観光客を見かける。時々切符の買い方や行き方が分からず迷っている人たちがいるので、そういう人たちに声を掛けている。声を掛けた一人でも二人でも、日本へ行ったら親切にしてもらったと喜んでもらえたら、そのことが口コミで伝わってやがては大勢の中国人に日本人に親切にしてもらったと広まり、イメージも良くなるのではないかと願って声を掛け続けている。私も中国滞在中に沢山の中国人に助けてもらった。だから、今度は私が恩返しをする番。日本と中国の関係が、近い未来にはもっと文化交流が盛んになり、仲の良い関係になれたらと願っている。

大北　美鈴（おおきた　みすず）

一九六九年長野県生まれ。一九八五年高校生の時、日本語学科の中国人学生に日本語の書籍を送ったことがきっかけで中国人大学生と文通が始まり、中国語を学び始める。一九九四年長野県主催の青年の船の事業に参加。初めて訪れた中国に感動し、中国語や中国の文化を学びたいと決意。一九九六年勤めていた保育園を退職し遼寧師範大学に語学留学。一九九七年河北大学に転入。二〇〇〇年日中友好協会主催の行事に参加。それがきっかけになり結婚。一女を儲ける。現在東京都在住。

三等賞

子どもはみんなで育てるもの

日本語教師　桑山 皓子（岡山県）

「子どもは宝」、これはどこの国でも同じであろうが、中国では身内であろうがなかろうが、みんなで見守っていくのが当然のことになっているのだなと、強く感じられることを三度も経験した。

もう四十年も前のことである。

夏生まれの末の息子が初めての冬を迎えたころ、中国東北地方出身の中年夫婦がわが家を訪ねて来てくれた。楽しいひとときを過ごし、別れのときになった。その日は接待の準備や何やかやで忙しく、日課の外気浴ができていなかったため、「ちょうどいいから、見送りを兼ねてやってしまおう」と夫婦について子どもを抱いて家を出た。すると、夫婦は血相を変えて、「こんな寒い時に外に連れ出すなんて！　ダメ、ダメ！」と強く私を家の中に押し返したのである。いくら毎日していることだからと言っても、聞いてもらえなかった。その見送りを遠慮するという以上に子どもの外気浴を心配する気持ちは、正直言ってあまりよくわからなかった。

それから十年。上の女の子が中三、中一、末の息子が小四になった三月末、春休みを利用して、初めて子連れで中国旅行をした。上海のホテルに着き、「さあ、みんなで街に繰り出そう」と二両連結のトロリーバスに乗り込んだ。昼過ぎという時間帯だったからだろうか、座席がちょうど埋まるくらいで、立っている人はいなかったように記憶している。「へえ、めずらしく空いているな」と上機嫌で乗り込んだその時、一斉にみんなの目が私たちに向けられたのを感じた。「？」と思ったとたんである。その車両のあちこちから、ばらばらと声がかかってきた。「どうしたの？　その格好は！」「そんな格好をさせてるなんて！」「風邪でもひいたらどうするの！」あまりのことに動転して記憶があいまいだが、声をかけてきたのはほとんどが六、七十代の女性だったように思う。

子どもたちはわけがわからず、「どうも自分たちのこ

1989年3月、復旦大学で家族と

とでお母さんが非難されている、何が悪かったのだろう」と、震えあがっていた。

実は、子どもたちは三人とも日本にいる時と同じような服装、つまり女の子はセーターにミニスカート、男の子も、セーターに半ズボン、ソックスという姿だったのだ。私たちの住んでいる岡山では、真冬なら、その上にコートを着るが、もう春なのだからと、ましてスカートと半ズボンは一年中のことなので、なにも思わず、いつものままで出かけてきたのだ。

私はあわてて、「大丈夫です。いつもこの格好ですから、もう慣れています」とできるだけ笑顔で答えて言ったが、みんな納得していない顔つきだった。

そしてまた十数年たった頃、私と夫は上海に日本語教師として住んでいた。私たちが住んでいた所は、学校が手配してくれた街中の「社区」と呼ばれる中のマンションで、周りはみんな中国の人たちだった。

ある冬の日、そこへすでに結婚して男の子二人の母親になっている長女が息子たちを連れて遊びに来た。

娘は洛陽と上海に一年ずつ留学していたことがあり、中国の空気が懐かしくて、部屋に着くや否や、「ちょっと散歩してくる！」と六歳と三歳の息子を連れてウキウキと出て行った。しかし、ほどなくして、なんだか元気なく戻ってきたのである。わけを聞いてみると、三人で「社区」の広場に向かって歩いているとたちまち数人のおばあさんに取り囲まれ、口々に子どもの服装で注意されたと言う。子どもの服装はというと、やはり十数年前と同じでセーターに半ズボンという格好であった。この時も、「いつもこんな格好ですから、大丈夫です」と娘がいくら言っても聞いてもらえる雰囲気でなく、あきらめて帰ってきたというのである。

不満そうな娘の話を聞きながら、私は思わず笑ってしまった。以前のことが頭に浮かび、娘を取り囲んだというおばあさんたちの様子が目の前にありありと浮かんだからだ。冬の日、小さい子どもに短いズボンをはかせ、足をむき出しにして歩かせているとんでもない若い母親には一言（ではない勢いだったらしいが）言わないと気がすまなかったのであろう。

そういえば、上海の子どもたちは日本の子どもに比べてずいぶん厚着をしているように感じる。

日本の幼稚園や保育園では、園児たちが真冬の屋外でシャツ一枚、時には上半身裸で走りまわっていることもある。剣道や柔道などの武術を習っている子どもたちは、伝統の「寒稽古」を水の中でしたり、滝に打たれたりして体と心を鍛える。

私たちの住んでいる岡山は、比較的気候が穏やかで、冬に氷点下になることも少なく、通学、通園の子どもたちも、病気など特別な時以外は薄着で過ごすのが当然のことなのである。

そういえば、我が家から電車で三駅のところにお寺がある。そこでは毎年一年で最も寒い二月の深夜に、日本三大奇祭と言われている「裸祭り」が行われる。この祭りは五百年の伝統があり、毎年一万人にも上る体力自慢の男性たちが県内外から集まる。本番の数時間も前からふんどし一丁で準備態勢に入り、たった二枚の宝木を奪い合うのである。最近では外国からの参加者も少なからずいると聞く。

いくら穏やかな気候と言っても二月の深夜である。祭りを見ているこちらは完全に防寒対策をして行っても寒いどころではない。

大人だけではない。その日の午後には「少年裸祭り」なるものが開催される。男子の小学生たち四百名ほどが、やはりふんどし一丁で争うのだ。実は、これには例の私の孫も小学生の時に参加している。

真冬の午後、小学生たちが真っ裸に近い格好で外を走り回っているのを見たら、あの上海のおばあさんたちはなんと言うだろうか。

中国には伝統の漢方の考え方が日常生活の中に浸透しており、体を冷やすことを特に嫌うそうだ。だから、服は多めに着、冷めた食べ物は口にしないように普段から気をつける。

中国では夫婦共働きが一般的で、子どもはたいてい祖父母が預かっているようだ。昼間、街を歩いているとおじいちゃん、おばあちゃんに連れられた子どもをよく見かける。だから、その日に何を着るかも、おじいちゃん、おばあちゃんが天気や気温を見ながら決めているのだろう。公園やちょっとした広場には、そういう人たちが集まって、みんなで子どもたちを囲んでおしゃべりを楽しんでいる。

その中で、子どもたちはみんなで見守り育てるものという考えが自然に生まれてきて、私たちのような見ず知らずの者にまでまるで我が孫のように気にかけ、声をかけてくださったのだろう。この時、以前の二つのことも「こういうことだったのだ」と、ようやく結びついたような気がした。

今や日本も中国も子どもの数が減ってきている。両親、祖父母にとって我が子、我が孫が大事だというのは当然のことである。厚着で育てるのも薄着で育てるのもすべて子どもを思う気持ちは同じであろう。

だからこそ、「我が子、孫だけは」とか「我が子、孫さえよければ」というのでなく、みんなで子どもを守り育てる気持ちを共有できる地域や社会であることはすばらしいと思う。

私の子ども、そして孫を本気で心配してくださった見ず知らずの中国のおばあさんたちに心から感謝している。

桑山皓子（くわやま ひろこ）

一九七二年大阪外国語大学中国語科卒業。一九七二年大阪でコンピューター関係の会社に就職。一九七三年結婚して岡山へ。公民館、文化講座などで中国語講師。岡山県残留邦人生活自立支援、日本語指導員。岡山市小、中学校中国帰国児童日本語指導。一九八八年上海交通大学短期留学。一九九一～二〇〇五年上海交通大学短期留学引率。一九九七～二〇一一年中国「上海朝日商務培訓中心」日本語教師。二〇一一～二〇一六年南京大学金陵学院日本語教師。二〇一六年帰国。

三等賞

中国滞在時の貴重なビジネス体験

元会社員　金井　進（千葉県）

一九七九年から中国では改革開放の時代が始まりますが、私も一九七九年に長期出張で半年間、北京に滞在し、その後、一九八九年の年末に帰国するまで、二回合計六年間、上海に駐在しました。国内総生産（ＧＤＰ）が世界第二位になった中国の現在から見れば、まさに初期の経済発展段階の頃の経験です。

最初の上海駐在は一九八〇年からの三年間であり、総合商社の上海事務所の初代常駐代表として主に化学品のビジネスを担当しました。中国政府からこの時点で外国商社に認められていた業務は連絡業務であり、営業活動は原則、認められていませんでした。それではどんな仕事をしていたかと言うと、市場調査、中国の貿易公司との交渉、技術交流の通訳、日本からの出張者や取引先のアテンドです。空港の送迎、ホテルの予約、食事の注文、観光案内など旅行会社がするような仕事もしていました。

営業活動は原則禁止ですが、実際は営業活動に近い仕事をしていました。当時はＮＳという現地中国人スタッフはいないため、私が一人で中国語を使い電話や訪問での面談などで中国側の担当や幹部と交渉をしていました。当時は上海以外の地方への長距離電話は通じにくく、大声を張り上げながら、仕事をしていたので大変、疲れました。日本製の化学品を売り込んで、買いたいという意思表示である「引き合い」を入手し、東京の本社にテレックスを打って、価格・数量・品質・納期等の「オッファー」をもらい、中国のバイヤーである貿易公司と電話や訪問による面談で交渉します。「オッファー」の条件通りＯＫしてくれることは皆無で、先方の希望条件である「カウンタービッド」が出てきて、それを再び本社に伝え、最終的に合意に達すれば契約となります。契約書は中国側の定型書式であり、本社に郵送したりすると時間が掛かりますので、上海所長が代理サインをして成立となります。中国政府に営業活動禁止という政策があっ

1985年頃、上海で化学品原料の技術交流会を開催。答礼の宴席にて

ても、何とか工夫をして仕事をしていたわけです。中国では「上有政策、下有対策」という格言があります。まさにその通りです。

二回目の上海駐在は一九八七年から一九八九年末迄の三年間ですが、この時にはNSが五人ぐらいおり、化学品部門の部門長として管理職の仕事をしました。NSには「報・連・相」を教え、実行してもらっていました。「報」とは「報告」、「連」とは「連絡」、「相」とは「相談」のことです。中国のNSは大体において、自立心旺盛というか自信家が多く、中国語のできない日本人上司に対してはあまり、「報・連・相」はしません。幸い、私は中国語でNSとコミュニケーションができましたので、「報・連・相」を頻繁にしてもらっていました。ところが、有能な一人のNSが私の信頼を裏切り、取引先の中堅幹部と不正な行為をしていることがわかりました。なぜなら、私はその取引先のトップと良好な関係を築いており、そのトップがNSの不正行為をこっそりと教えてくれたのです。「用人不疑、疑人不用」という中国の格言があります。「人を使うときは疑うことなく、とことん信用して使いなさい。しかし、いったんその人を疑うようなことがあれば、その人をだらだらと使ってはいけません」という意味です。一般的に日本人は人を疑ってもなかなか切ることができず、使い続け、結果として、大きな不祥事が起こってから、やっと首にするということが多々あります。よくよく注意しなければいけません。かといって、中国の人を疑ってばかりいて、なかなか信用しない日本人が多いのも事実です。日本人が中国人を心から信頼すれば、中国人もそれに応えようとするものだと思います。

もう一つ、思い出に残っている話があります。ある日本の有名な繊維メーカーの社長自らが数人の幹部を連れて上海に来られた時の話です。日本の本社からも担当常務や部長が同行されていました。そして、上海事務所としても所長以下全員がアテンドする体制を取りました。私は主担当として空港送迎、商談通訳、宴会アテンド等フルアテンドをしました。用件は日本にある既存の合成繊維プラントを上海の石油化学・合成繊維メーカーに売却するという大型商談でした。金額でいえば、約五十億円くらいです。中国側と日本側のトップ同士のトップ商談で、三十代前半の私にとっては初めての経験でした。価格面で大きな開きがあり、初回の面談での交渉は挨拶程度に終わりました。夜は中国側が歓迎の宴を開いてくれました。宴会と言っても、ただ食事をするだけではなく、食事をしながら、中国側トップは日本側から先ず、改善価格を提示するよう示唆してきました。宴会後、日本側が全員、トップの部屋に集まり、協議をし、改善価格を提示することになりました。お開きになったのが夜の十一時であり、そのあと、私は事務所に戻り、茅台酒の飲みすぎで朦朧《もうろう》とした頭を抱えながら、中国語での譲歩提案書を作成し、翌朝、日本側トップに手渡しました。二回目の交渉で改善価格の譲歩提案書を中国側に提出しましたが、中国側はまだまだ開きがありすぎると言って、さらに改善するように要求してきました。中国側の受け入れられる価格を提示するように日本側が要請しましたが、無駄でした。さて、今度は日本側の答礼宴の番です。宴会の席上、トップ同士の腹の探り合いが食事をしながら続きますが、進展なく終わりました。結局、この商談はまとまらず、日本側の代表団は帰国しました。帰国の翌日、私は上海のメーカーの部長に会い、私の力不足で商談がまとまらなくて申し訳ありませんと伝えました。するとその部長は私に次のように答えました。

「売買不成、人情在」（売買は成立しなかったが、双方の心と心は通じあった）

「做不成生意、做朋友」（取引は成立しなくとも、友人になれたではないか？）

この言葉は私にとって忘れられない言葉であり、慰めの言葉でした。この一件がきっかけとなり、この中国人部長から非常に気に入って頂き、その後の化学品ビジネスの発展につながりました。

金井 進（かない すすむ）

一九五〇年生まれ。一九六九年京都府立桃山高校卒業。一九七四年大阪外国語大学中国語学科（現大阪大学）卒業。一九七四年三井物産株式会社東京本社入社、二〇〇三年に同社を定年退職。二〇〇三年東証一部上場総合化学メーカーの中国担当顧問就任。二〇一〇年福庚総合外国法事務弁護士事務所の中国プロジェクト顧問就任、二〇一四年離任、現在に至る。

三等賞

「戦後七十周年記念式典」に参加して

日本語教師　浜咲　みちる（佐賀県）

私がハルビンの黒竜江大学で日本語教師をしていた平成二十七年（二〇一五年）の七月の初め、学校の事務の人から、「今月の十五日に、虎頭《ことう》で『抗日戦争勝利七十周年記念式典』が開かれるので、それに参加していただけないでしょうか」と言われました。

唐突なことだったので、私はびっくりしました。

（日本と戦って勝利を収めたことを記念する式典に、どうして日本人の私が参加しなければならないのだろうか）

飛んで火に入る夏の虫のように思えたので、すぐには「はい」とは言えませんでした。

でも中国人の先生が一緒に行ってくださることになったので、渋々、重い腰を上げることにしました。韓国人の留学生と事務の人も一人ずつ参加することになり、総勢四人で夜行列車に乗って虎頭へ向かいました。

虎頭はロシアとの国境地帯にある小さな町で、ウスリー川を隔てて、川向こうはロシアという地理的位置にあります。虎頭にはかつて日本人が戦争中に築いた堅固な要塞があって、ロシアに、にらみを利かせるための軍事基地が置かれていました。一九四五年八月九日に川を渡って虎頭に出兵してきたロシアと、日本は激しく交戦して、壊滅状態に陥り、八月二十六日に陥落して戦争が終結しました。第二次世界大戦の最後の戦いが行われた町、そこが虎頭でした。

当時の面影が偲《しの》ばれるような要塞跡や、大砲の発射台や、戦闘機の模型を見たり、貴重な資料が展示されている博物館の中を見学したりしているうちに、複雑な思いに駆られて、胸の中が締めつけられるようでした。終戦を知らされずに、十日以上も戦い続けて命を落とした日本人やロシア人もかわいそうですが、要塞を築くために過酷な労働を強いられ、犠牲になった中国人が一万二千人以上もいたということを知って、中国の方々に対して申し訳ない思いを切に感じました。

　見学を終えてから、記念式典が行われる会場に着いたとき、来賓席には、ロシア人のご高齢の男性が十人ほど、座っていらっしゃいました。どの方も胸に立派な勲章を下げていらっしゃったので、目を引きました。日本の軍国主義と戦って優れた功績をあげた退役軍人の方だということが、一目瞭然でした。まばゆいほどの勇姿に圧倒された私は、場違いのところに来てしまったように思えて、彼らの隣に、同じ来賓として列席することに気詰まりを感じていました。

2015年7月、虎頭にて

　式典の途中で、司会者からステージに上がるように言われたので、指示に従うと、ステージの上で、一人ひとりが紹介されていきました。ステージの上で、浄水を、ひしゃくで汲んで、瓶の中に入れたり、ロシア人や中国人や韓国人と、かたい握手を交わして、不戦の誓いを立てたりしました。参列者の中に日本人は私ひとりでしたから、四面楚歌を感じましたが、衆人環視の中で、神妙な顔をしながら、一連の儀式に慎ましく参加させていただきました。

　ステージの上で司会者からインタビューを受けて、「今日はどういうお気持ちで、ご出席なさいましたか」と聞かれました。

「中国の方々に日本人がひどく残忍なことをしたことに、心がとても痛むので、申し訳ないという思いで出席させていただきました」

厳粛な面持ちで、私はそう答えました。それを聞いて、会場の中から拍手が起きました。

私は戦後生まれですから、戦争の残酷さや悲惨さは自らの体験としては感じることができません。しかし父が終戦まで中国に住んでいたので、中国には子供の頃から親しみを感じていました。父は軍人ではなかったことや、終戦後はシベリアに抑留されて過酷な労働を強いられていたことも知っています。昭和四十七年（一九七二年）に、日中の国交が回復して、中国残留日本人孤児の帰国のニュースがマスコミで盛んに報道されていた頃には、養父母の優しさに感動して、残留孤児のことをテーマとした少女小説を書いて出版したこともあります。虎頭に行くまでの四年間、中国の大学や高校で日本語を教えてきたし、どこに行っても温かく迎えてもらえたので、中国の方々に深い愛情も抱いていました。それらのことを拙いながらも、中国語で一生懸命に、式典に参加しておられた方々にマイクで話しました。言葉がうまく出てこないときは、一緒に来てくださった中国人の先生に通訳をしていただきながら話しました。私がインタビューを受けている場面はテレビでも放映されたそうです。

式典の途中で祝砲が鳴り、それを合図に数百羽の白い鳩が一斉に放たれて、空高く舞っていきました。式典の参加者全員に、風船とTシャツが渡されたので、司会者の指示に従って、風船を一斉に空に飛ばしたり、そろいのTシャツを着て、平和の歌を合唱して、祝賀ムードを盛り上げていきました。風船にもTシャツにも、「抗日戦争勝利七十周年記念」と書かれていたので複雑な思いがしましたが、ほかの参加者に歩調を合わせて、私も指示に従いました。

式典の参加者は、そのあと、そろいのTシャツを着たまま、会場の外に出て、プラカードを持ったり、シュプレヒコールを上げながら、町の中を練り歩きました。プラカードには、尖閣諸島の領有化の問題で日本を非難する檄文《げきぶん》が書かれていました。私も平和行進に参加しましたが、周囲の人から何か言われるのではないかと思って、心中、穏やかではありませんでした。しかし四面楚歌の中、一人で式典に参加した日本人を糾弾すべきではないという配慮を感じて、何も言われずにすんだので、ほっとしました。

「中国人が非難の矛先を向けているのは、日本政府であって、けっして文化人には向けていません。あなたは政治家ではなくて教師ですから大丈夫ですよ」

中国人の先生が、そうおっしゃってくださいました。

平和行進を終えて、式典が行われた会場へ戻ってきたとき、ご年配の女の方が、私たちの方に近づいて来られました。その方のお父様が、虎頭に要塞を築くための労働に動員されていて、要塞の完成を祝って要塞の中で酒盛りをしているさなかに銃殺されたそうです。

「悲しみは一生忘れることはできません。しかしいつまでも日本人を恨み続けることは、やめることにしました。今は中国と日本の友好関係が発展することを心から望んでいます」

その方が、そうおっしゃったので、心にじんときました。

会場には中国残留日本人孤児と幼馴染みだったという方も来ておられました。

「今は日本に帰国されましたが、その孤児と時々、連絡を取り合っています。いつか機会があったら日本に会いに行きたいです」

その方が、そうおっしゃいました。

その方がご自宅に誘ってくださったので、私たちは、虎林《こりん》という町へついていきました。その方のご自宅に着くと、手作りのお料理をごちそうしてくださったほか、孤児の写真や、日本から届いた手紙を見せてくださいました。

戦後七十年以上が経ちましたが、戦時中に受けた中国の方々の悲しみや苦しみは、けっして心の中から永遠に忘れ去られることはないだろうと思います。しかし中国の方々の多くは、そのことには、なるべく目をつむって、今の中国と日本の関係がよくなることを心から望んでおられることを、式典に参加して、つくづくと感じました。私たち、日本人も、中国の方々のそういった願いをくんで、自分にできることを通して、日中友好のために貢献していかなければならないという思いを新たにしながら、帰途に就きました。

浜咲 みちる（はまさき みちる）

これまで中国の大学や高校で五年間、日本語教師として教鞭を執ってきました。毎年、違った学校で教えてきたので、各地に忘れられない思い出がたくさんあります。

これまでに単独で一冊、共著で五冊、童話や少女小説の本を出しています。単独で出している『若草色のニイハオ』という本は、原稿用紙に換算して三百三十枚の長編で、全国学校図書館協議会の選定図書に合格しています。共著で出している本は、いずれも公募の入選作品集として刊行されたものです。

三等賞

そして僕はパンダになる

――憂鬱なる侵略者

教師　堀川　英嗣（山西省）

北京から飛行機で西へ五十分、太行山脈を越え黄土高原が広がる山西省が姿を現す。大きさは日本の半分弱、そこに三千三百万人が生活する。省都太原市にある山西大学外国語学部に勤めて今年で十三年目。大学では入学したての一年生の会話から、院生の同時通訳まで全学年の授業を担当し、おかげさまでほどほどに充実した日々を送っている。留学年数を加えれば、二十四歳から十六年の間、此の地に腰を据えていることになる。青春を捧げたと言っても言い過ぎではないだろう。この間に発生した悲喜こもごもの鉄板エピソードは数知れないが、その中から特に忘れられない農村での一夜を披露したい。

山西大学日本語科の学生は、大連や天津などの沿岸部あるいは北京、上海など大都市の学生とは違い、ほとんどが大学入学後に日本語の勉強を始める。それ以前から、日本のアニメやドラマに興味があった者や日本には特に興味もなかったが、厳しい受験制度の中、仕方なく日本語科を選択せざるを得なかった学生も少なくない。学生たちは各地から入学してくるが、それまで生の日本に触れたことのある学生は多くない。そして、当然日本人に会ったことのある、ましてや日本人と会話をしたことのある学生はほぼ皆無といえる。

そこで、彼らにとって初めて至近距離で接する日本人は必然的に授業を担当するぼくということになり、大げさではなく毎年「彼らの今後の日本人観を決定しかねない重大な出会いだ」と頭を抱える。一人ひとりにそれまでのバックグラウンドがある。日本に、日本人に無理をしてまで興味をもってくれとまでは思わないが、日本語学科に入学したのも何かの縁だろうし、それを大切にしながら四年間を楽しく過ごすことができればとは思う。そして、彼らへの最初の授業は彼らが四年間の学生生活を過ごす上で、僕との距離を測る大きなバロメーターになりかねない。学生たちは興味津々でぼくを観察し、一

2010年、盂県の民家にて

挙一動にうなずく。そして、それまで自身が抱いていた日本人像とどのように異なっているのかを確認していく。

山西省にはいかんせん日本人が少な過ぎる。ちなみに、我が校の日本人教師はぼく一人、山西省全体で日本人が何人長期滞在しているかは知らないが、省内には専門学校を含めてもたった九校にしか日本語の授業がなく、その中で知り得る限りでは日本人教師は四、五人いるかどうかといったところである。

さて、日本人が少ない山西省であるが、僕は幸いにして多くの中国の友人を得た。二〇一〇年某日、太原市内より車で東へ三時間半、盂県の某村で友人の結婚式に参加した。この日、あれほど強烈に戦争の傷跡について考えさせられることになろうとは思いもよらなかった。

近年は村といっても高層ビルの立ち並ぶ都市化した名前だけの村が多いのだが、盂県某村は四合院風の古めかしい家屋が並ぶ本格的な農村地帯だ。各家には高く立派な木製の大門がある。対聯が貼られた門をくぐると中央に大きな中庭が広がる。庭にはきゅうりやナスが植えられ、母屋、次屋等がそれを囲む。豚小屋や鶏小屋もあり、かなりにぎやかだ。厠も当然屋外設置という昔ながらのスタイルだ。夏になると庭で一人一玉スイカにかぶりつき涼を取り、冬には竈《かまど》で温かいうどんやかぼちゃのスープを煮て暖をとる。

話をもどそう。中国の結婚式は盛大に行われる。僕の友人は新郎側であったので、まずは新郎宅へ赴いた。彼の親戚、友人、そして村人たちが集い、互いにヒマワリの種をかじり、煙草をくゆらせながら雑談をしていた。一息ついた頃、御祝儀を渡しに行く。庭に専用の受付が設置されており、係の方がペンで名前と金額を次々と御祝儀帳に書き込んでいく。年のころは六十。あかぎれができた手と褐色の肌、一生を農作業にかけてきた男の姿だ。

御祝儀を渡すと記帳のために名前を聞かれた。名を告げると、彼は不思議そうな顔で、「四文字か」と言った。中国で二字の苗字は珍しい。そこでいつものように「どこの出身だ」と聞かれたので、素直に「日本です」と告げた。

それまで、見知らぬ人に名前や出身地等を聞かれた場合は、「南方から来た」等と適当に答えてやり過ごすようにしてきた。余計な面倒を避けるためだ。しかし、その日は友人宅であり、彼の「ハレの日」であった。そして、皆さんは同じ村人であり、喜びの雰囲気が漂っていた。

しかし、それが大きな間違いであったと気づいた時には後の祭りだった。「日本」の二文字が、あれほど大きな意味を持つとは思いもよらなかった。彼はすぐに「日本人が来たぞ」と大きな声で周りの人に伝え始めた。すると続々と周囲で、「日本人が来た」「鬼子が来た」という声が聞こえ、人が集まり始めた。それまでにこやかに笑っていた人たちの顔つきが一変した。ある人は憤慨したかのような、ある人は物珍しいといった顔つき。すると、外のざわつきに気付いた、友人とその両親が助け舟を出し、集まり始めた人たちに向かって僕がなぜここにいるのかを説明をしてくれた――ただ友人として結婚式に参加しているだけだと。

彼らはなぜ「日本」という言葉にあれほど敏感に反応したのだろうか。

その背景には慰安婦問題が存在した。盂県は中国でも有名な元慰安婦が生存している地域であり、人々は彼女たちの証言から、生々しい戦争の記憶、日本軍への怒りを昨日のことのように伝えていたからであった。以前、学生からも日本から取材が来て通訳を手伝ったとも聞いていたが、ここまで過剰な反応をされるとは思いもよらなかった。

　もちろん全員がそうというわけではないが、一部の人たちの心の中では、今でも日本人＝侵略者であった。これは生身の人間が実際の言葉で語り継いでいることだ。いかに当時の慰安婦たちが年老い、記憶が曖昧模糊となり、その人数が減り、戦後七十数年が経ち、徐々に忘れられた存在になり、人々の記憶から風化していったとしても、彼女の肉親や近しいコミュニティの中では、悲惨な戦争体験は延々と語り継がれてきたのだった。歴史は未だ歴史にならず、生きた記憶としてそこに存在していた。

　その夜、僕は友人宅に泊まり、翌日には笑顔の村人たちに見送られながら、大学へと戻った。なぜか。その日は、集まった村の方たちと白酒を酌み交わしながら、大いに語り合った。実に多くのことを聞かれ、それに対して自分の知り得る限りをできるだけ丁寧に答えていった。たった一晩ではあったが、数カ月分の会話を一気にしてしまったような気分であった。そう、僕は実に様々な質問をされたのだ。これほど注目を浴び、見知らぬ人たちから好奇の目で矢継ぎ早に会話を投げかけられたのは、後にも先にもこのときくらいであったろう。今思えばあの時のぼくは、パンダのような存在であったであったのかもしれない。彼らの眼差しは僕に問いかけていた、「おまえの尻尾は何色か」と。

堀川英嗣（ほりかわ ひでつぐ）
昭和五十三年、東京都に生まれる。文学博士。山西大学外国語学部日本語科教授。『傅山書法名選集』『傅山墨翰』『傅山墨宝』『傅山拓本選集』（東京文物出版社）、『傅山全書』二十巻（中国・山西人民出版社）、『章太炎、姚奠中師生書藝』（中国・三晋出版社）、『瀛海擷英』『鯤島遺珍』（台湾・国立清華大学出版社）、『江戸時代の漢字書』『近代日本の書』（日本・藝文書院）他の執筆、編集、翻訳に携わる。

三等賞

学海無涯

大学講師　小椋　学（江蘇省）

二〇一五年十一月二十日午前十時半、バスが中山陵に到着した。私が南京の地に降り立った瞬間だ。中国語を勉強している他の留学生も一斉にバスを降りた。その時、私はとても緊張していたことを今でもよく覚えている。私たちは何人かでグループになって、一緒に中山陵を見学しながら、中国人観光客に中国語で簡単なインタビューをする課題に取り組んだ。私と同行した四十代のスペイン人のアルフォンソ（Alfonso）さんは、中山陵の階段三百九十二段を登り、孫文の座像が置かれている祭堂を見学した後、その近くのベンチに座って休憩していた中国人の夫婦を見つけて声をかけた。

すると、その中国人の夫婦は、発音が少し変だが、一生懸命話そうとしている中年の西洋人に感心したのか、インタビューを快諾してくれた。大学の先生が作成した質問票に沿ってインタビューした後、中国人の夫婦は、私たちに対して、「どんな日程で旅行をしているのか」「どうして中国語を勉強しているのか」と質問を投げかけた。スペイン人の留学生は、自分がスペインから来たことを明かすとともに、私が日本人であることを話した。すると、中国人の夫婦は私の顔を見ながら「あら、そうなの!?」「日本人も背が高くなったのね。昔は低かったのに」と驚き、「私たちの子供と一緒に写真を撮りましょう」と笑顔で言った。子供たちは、外国人の私たちと一緒に写真を撮ることを心から喜んでいた。実はその時、私は南京の人たちに対して、どう接したらよいか、分からなかった。そのため、まずは自分が日本人であることは明かさず、南京の人たちの様子を見てみようと思った。しかし、偶然スペイン人の留学生が、私が日本人であることを明かしたので、その中国人の夫婦とどう接したら良いのか分からず、ちょっと気まずい感じがした。中国人の夫婦はそれを察したのか、笑顔で応じてくれたのだが、その笑顔は本心なのか、それとも表面的なものなの

2018年南京市にて南京郵電大学の学生と

か分からず、ちょっと不安だった。そのため、子供たちと一緒に写った私の顔はどこか作り笑顔で、ぎこちない表情をしていたかもしれない。別れ際に中国人の夫婦は私たちにメッセージアプリWeChatのIDを教えてくれた。「後で友達追加してくれたら撮った写真を送るよ」と言って、中山陵の階段を降りていった。

後ほど、スペイン人の留学生は、その中国人の夫婦と友達になったようだが、私は結局友達申請をしなかった。今思えば、その中国人の夫婦をがっかりさせてしまったかもしれないが、その時の私は今後この人たちとどう付き合ったら良いのか分からなかったのだ。しかし、後で冷静に考えてみれば、中国人の夫婦は新疆の人で、たまたま観光で南京を訪れ、偶然私たちと出会っただけで、南京の人ではなかった。それでも、南京で中国人に会えば、どうしても過去の歴史と向き合わなければならないような気がして、ちょっと気が重かったのだ。

そのような中国人の夫婦との貴重な交流を終えて、私たちも中山陵の階段を降りてきた。その時、ある露店が目に留まった。そこは、たくさんのきれいな石があり、その場で名前を彫って判子を作ってくれるお店だった。私が興味深く、その判子を見ていたところ、スペイン人の留学生は、「以前、私も作ってもらったことがある」と話した。私は、まだ中国で自分の判子を作ってもらったことはなかったし、古い書体で判子を作ってもらったら良い思い出になるのではないかと思い、作ってもらうことにした。そこで、まずたくさんある色とりどりの石の中から、気に入った石を選ぶことにした。石はそれぞれ値段が異なっていた。その中で、明るい赤色で三角形のような形をした石を見つけた。その石の側面には「学海無涯」の四文字が刻まれていた。私はその四文字が気になったので、店の人にその意味を聞いた。すると、隣で石を見ていた中国人の客が「学問の世界は海のように広く終わりがないという意味だ」と教えてくれた。それを聞いた私は、この赤い三角形の石は何か特別な石であるような感じがしたので、この石で判子を作ってもらうことに決めた。すると、店の人は私にメモ用紙とペンを渡した。私はその紙に「小椋 学」と書いて店の人に渡した。店の人は私が書いた字を見ながら彫り始め、一分ほどで仕上げ、朱肉をつけて紙に判子を押して見せてくれた。すると、縦書きで左側には「小」の一文字が縦長に彫られており、右側には「椋学」の二文字が彫られていた。私は「小椋」と「学」の間、つまり苗字と名前の間を少し空けて書いたが、店の人はなぜ間が空いているのかは考えず、中国人の名前のように、苗字一文字、名前二文字と認識したのではないかと考えた。しかし、そんなことは大した問題ではなかった。私はこの古い書体で彫られた判子をとても気に入った。この「学海無涯」と刻まれた南京名物の雨花石は、南京旅行のお土産になった。それが、後に特別な影響を与えるパワーストーンとなって、私の人生を大きく方向づけるものになるとは思ってもいなかった。

それから、わずか三カ月後の二〇一六年三月一日、私は南京郵電大学外国語学院日本語科の講師になり、現在に至っている。日本語科の講師として求められる知識や能力は高く、私はその要求に応えるために、日々勉強しながらより良い授業や教材作りに励んでいる。一方で、知識や能力、経験がないといい授業はできないということを痛感している。学生にとって分かりやすい授業、学生を楽しませることができる授業、学生の知的好奇心を満たすことができる授業はどんな授業か。学生にとっての理想の授業を追求すればするほど、いろいろな課題が出てくる。よく「一教えるには十の知識が必要だ」と言われる。日本語科の講師に求められるのは単に日本語の知識だけではない。日本の地理や歴史、文化、文学、政治経済はもちろん、他にもアニメや音楽など、日本に関するあらゆることを知っているに越したことはない。それだけ学生の関心分野は広いからだ。それに、もちろん中国語の能力や中国に対する理解を深めることも必要だ。それはまさに「学海無涯」の世界だ。あの赤い三角形の石が私を「南京」と「学海無涯の世界」に引きつけたといっても過言ではないだろう。

また、日本語科の講師として学生の能力やモチベーションを高めることも重要だ。私は昨年、授業を通して学生と一緒に南京観光地を紹介した本を作成した。南京は過去の歴史が原因で心理的にちょっと行きにくい場所だ、と思っている日本人は少なくないだろう。今こうして南京に住んでいる私でさえ、初めて南京を訪れたのは大学の授業がきっかけだった。日本で発行されているガイドブックの中で南京の観光地について詳しく紹介しているものは少ない。そこで、日本語を学ぶ中国人の学生が日本語で南京を紹介したら、南京に関心をもってもらえるのではないかと考えた。この南京の観光地を紹介した本は、東京新聞で取り上げていただいたおかげで、多くの方に読んでいただくことができた。読者からは励ましの言葉をいただき、学生からは日本人の役に立てて嬉しいという声を聞くことができた。

中山陵の露店で見つけた赤い三角形の石が私を「学海無涯」の世界へと導いてくれた。このきっかけに感謝しながら韓愈の「学海無涯」の教えを実践し、学ぶために努力することの重要性を学生に伝えることができる教師になりたいと思っている。

小椋 学（おぐら まなぶ）

立正大学大学院地球環境科学研究科博士前期課程を修了後、株式会社ゼンリンデータコムに入社。法人営業担当として、インターネット地図や訪日外国人向けの多言語地図などの提案営業を行った。その後、韓国の高麗大学と中国の北京語言大学に留学し、現在は中国南京市にある南京郵電大学外国語学院日本語科の講師。南京の観光地を紹介したガイドブック作成など日中交流のための取り組みも行っている。

三等賞

和平飯店の夜は更けて

フリーランス・ライター　中瀬　のり子（神奈川県）

様々な外国文化が持ちこまれ、かつてアジア随一の国際都市として栄えた街、魔都・上海。多くの映画やドラマの舞台、モチーフになったこの場所は、黄浦江を挟んで過去と現在、上海を象徴する異なる顔を持つ。浦東エリアの顔である陸家嘴には近未来的な超高層ビルが林立し、原色のネオンが煌《きら》めく夜の様は、さながらＳＦ映画の未来都市のようで訪れる者を魅了する。川の向こう側、浦西エリアの外灘には、瀟洒な洋館や歴史的建築物、高級ブランドショップが立ち並び、クラシカルで優雅な雰囲気が漂う。ドラマチックな時代と数々の映画のシーンに思い馳せれば胸躍る。対照的な二つの「上海の顔」を眺めることができるこの場所、外灘は私にとっても特別な場所だ。

「タクシーが下で待っているよ、さあ、急いで」

階下のガードマンからの知らせを受け、私は娘に靴を履くよう促してから家中の施錠を小走りで確認して回る。上海の住居は広く、玄関のインターホンまでもちょっとした距離だ。慌てて受話器を取るころには、せっかちな中国人運転手や配達員は立ち去ってしまうことも度々だった。

二〇〇八年四月、夫の転勤に伴って、私たち家族は中国・上海市に暮らし始めた。浦東地区の日本人学校から徒歩五分ほどの距離にある緑豊かでインターナショナルな雰囲気が人気のサービスアパートメント。言葉もままならないままに突然始まった慣れない異国での育児生活は大変なことも多かったが、住居のフロントやガードマン、掃除婦、庭師といった大勢の中国人スタッフたち、我が家の運転手や家政婦、娘の家庭教師、良き友人たちにも恵まれ、にぎやかな上海生活を過ごした。そして、三年二カ月の月日が経過した二〇一一年六月。翌月に本帰国を控えた私たち家族は、引っ越しの準備や挨拶で忙しい日々の隙間を縫うように、市内の観光スポットやレ

2011年6月、和平飯店ラウンジにて。ジャズバーに入れず泣いたため娘の表情が不機嫌そう。この後、女性店員からのサプライズが……

ストランなどを訪れ、残り少ない上海生活を惜しんでいた。

その夜は外灘にある老舗のバーに数日前から予約を入れてあった。上海人ならずとも外国人居住者にも有名な和平ホテル一階にあるジャズバーだ。上海のシニア熟練プレイヤーたちが演奏するクラッシックで重厚な雰囲気の漂うライブハウスである。いつでも行けると思いながら一度も訪れないままに帰国日が近づき、初体験をしようと企画した週末のイベント。八歳の娘も子供ながらにこの日を楽しみにしていたであろう。

慌ただしく車に乗り込み、いざ外灘へと向かう。疾走するタクシーの窓枠の向こうにはメタリックな高層ビル群、猥雑な原色の看板、古い家々と突き出した竿にはためく洗濯物が、早送りの映画フィルムのように流れていく。東と西を繋ぐトンネルをくぐり、昔ながらの小区を抜けて川沿いの中山東二路へと出れば、そこはオレンジ色の街灯が灯りだすマジックアワーの外灘。ロマンチックに煌めく街、不思議な高揚感、魔法のかけられた時間。ここは誰もが憧れるおとぎの国のような場所だ。

さて、タクシーを降り、ホテルの中に入るとライブの準備をしているのだろう、楽器の音が聞こえてきた。店の受付で名前を告げると女性店員が夫と私に向かって言った。「お客様、大変申し訳ありません、お子様はご利用いただけません」

「ええ？　予約したときに子供が一緒だけど大丈夫？と確認したじゃない。大丈夫だと言われたから、今、こうして来たのだけど」

「大変申し訳ありません。それは受付した者の間違いです。本当にすみません」

　大人たちのやりとりを聞いているうちに、娘の表情がみるみる曇っていく。娘は三年間の中国生活で基本的な中国語は解するようになっていたし、状況で察したのだろう。我が子の気持ちを思うと可愛そうだが、店員の彼女を責めても意味がない。分かりました、ではまたの機会にと答え、三人で店を出る。

「残念だったね」。そう声をかけると娘の目から、ついに涙がこぼれた。「コンサート、見たかった……」

「そうだよね、また違うときに連れて行ってあげるから――」

　とりあえずラウンジで一服してから、どこか他の店で食事を……。私たちは店を出てすぐのラウンジへ移動し、娘にはオレンジジュース、大人にはグラスワインを注文して座った。すると、開演時間を過ぎたのだろう、軽快なジャズの音が聞こえてくる。

「ここでも聞けるじゃない。よかったね！」

　私は一人、おおげさな調子の声を出した。やけに楽しげなジャズの調べがしんみりとした三人の間を流れていく――。そこへ、さっきの女性店員が小走りでやってきて、腰をかがめて娘に向き合うと、こう言った。

「お嬢ちゃん、おいで！　お店の入り口で見ていいから。早く！」

　事情が呑み込めずに両親の顔を交互に見る娘に向かって、私が言った。

「入口のところで見て大丈夫だって。行こう！」

　娘はパッと顔を輝かせると椅子から飛び降り、店員と一緒に走っていく。私たち夫婦も目配せして二人の後を追いかけた。

　ドアの一歩向こうに入ったその瞬間、大きな音と人々の熱気に包まれた。光の当たったステージで品の良い老紳士たちが奏でる懐かしく温かなオールドジャズの旋律とリズム――。女性店員の彼女は娘の両肩に手を置いたまま耳元に何か話しかけると、私たち夫婦に一礼してからその場を離れた。私は会釈をし、夫はステージが見やすいようにと娘を抱き抱えた。娘はすっかり機嫌を直し、見よう見まねで手拍子を打ちながら、ステージに見入っている。「ありがとう」。私は心の中でつぶやいた。とっさに機転を利かせた彼女と店のスタッフに感謝し、人の温かさを噛みしめた。そうして三十分ほど入り口のドアの片隅で立ったまま演奏を楽しんだあと、私たちはそっと店を出た。

　再び横浜へと戻った私たち家族は、娘が転入先の学校に通いやすいようにと山下公園の目の前の場所に移り住んだ。中華街に隣接し、外灘とどこか似たこの街が以前にも増して好きになった私は、時々、霧笛の響く夕暮れ時の山下公園で海の向こうをぼんやりと眺める。あの頃、日本が恋しくなったとき、一人で外灘に来ては川辺でぼんやり景色を眺めた。そして、川沿いの道をずっと歩いた。ときには人目も気にせず大声で歌いながら、ただ、まっすぐに歩いた。無遠慮にじろじろと見たり、時折り話しかけてくる人がいても、もう気にならなかった。色々な人がいてもいい、ほおっておいてくれる上海の自由さと懐の広さ、人との距離感が私には心地よかった。車のクラクション、大声で話す人たちの声。喧騒の街を泳ぎながら浦東の家に着くころには、いつもの自分に戻れた。外灘散歩は私の中では一つのメディテーションだった。

　あれから、ちょうど七年が経った。彼女はまだ、あの店で働いているだろうか？

　いつか娘を連れてあのジャズバーを訪れ、お酒で乾杯をする。娘は細くて手足が長いから、チーパオが似合いそうだ。二人しておしゃれして行くのも素敵でいい。

「ほら、南浦大橋と東方明珠！」

　ベイブリッジとマリンタワーを交互に指さして言う私に、呆れて笑う娘も今は高校生だ。上海での思い出話を繰り返す私に根気よく付き合ってくれる。

　黄浦江に反射する陸家嘴のカラフルなネオンの色、ゆるやかなカーブに沿って続く優雅な洋館の佇まい。愛する上海、外灘。懐かしい街並みを想い描けば、温かなオールドジャズのリズムに乗って私の小さな夢も軽やかに舞う。愛する上海の人たちに、きっと、また会いに行く。

中瀬のり子（なかせ　のりこ）
夫の転勤に帯同した中国・上海生活を経て、帰国後はフリーランス・ライターとして活動。おウチ中華料理＆華流映画ドラマ愛好家。

三等賞

歌声でつながる日本語教育

日本語教師　岡沢　成俊（広東省）

大学の卒業式イベントで、目の前のステージ上で卒業生が日本語の歌を歌ってくれている。しかもその歌は一年生の時に教えた歌。そんなこの上ない贅沢を時々楽しませていただき、涙腺が緩みそうになる。そういう場を経験すると、この仕事をしていて本当によかったと心から感じる。

中国の大学で日本語を教えて十四年が経った。中国では大学での日本語教育が盛んで、多くの大学に日本語科が存在する。大きな総合大学や外国語大学だけでなく、工業大学や農業大学にも日本語科があり、大学名と関係なく日本語を専門として四年間学ぶ学生が大勢いる。第二外国語や独学など、専門外で日本語を勉強する大学生も多い。中国に渡った当初、この学習者の多さに驚いた。最初に赴任した大学では外国語学院日本語科の学生が一学年二十人、そしてコンピュータ専攻で日本語も学ぶ学生が一学年約四百人もいたのである。

日本語を専門とするほとんどの学生は「あいうえお」のひらがなから始めるのだが、一年経つと基本的な会話ができ、二年も経つと流暢に日本語を操る学生もいる。言語学習は子供のうちに始めないと母語話者並みにはなれないと言われるものの、大学に入ってから日本語を勉強し始めた学生は、高い暗記能力を生かしてどんどん単語や文章を覚えていき、二～三年で日本人と変わらないレベルで日本語を使いこなす学生も出てくる。日本語スピーチ大会出場や公費留学のチャンスはそのような学生の間で争われるものとなる。

一方コンピュータ専攻で日本語も学ぶ学生の場合、日本語の授業時間は日本語科の学生と比べれば当然少なく、授業だけで十分話せるようになる学生はあまり多くない。三年生から始まる一年目の日本語の授業は必修科目であったが、私が担当する二年目の授業は選択科目となっており、履修者は少なかった。専門であるコンピュータの

気合の入った学内イベントの合唱コンクール

授業も多く大変なため、日本語の勉強で単語や文法を大量に暗記する必要があるとなるとほとんどの学生が諦めてしまうのだった。この一年目の学生に少しでも関われたら、日本語を勉強するモチベーションを維持するために何かできたら、と長く考えた。ほとんどの学生にとって私は初めて会う日本人となる。やるからには公平に全てのクラスを回りたい。中国人教師の授業にお邪魔するなら、できるだけ時間は短いほうがいい。しかし単に私が少ししゃべっただけでは効果はあまりない。そこで考えたのが、一緒に日本語の歌を歌うことであった。

歌を歌うために必要な日本語能力は実は非常に少ない。歌詞のひらがなが読めれば十分である。しかしメロディーを歌えるまで教えるのには時間がかかる。そこで利用できるのが日本の歌の中国語カバー版である。二〇〇四年当時、街でも学内放送でも、Kiroroの「未来へ」の中国語カバー、劉若英が歌う「後来」をよく耳にした。あまりに頻繁に耳にしたためこの方法を思いついたぐらいである。日本語の「未来へ」の方も学内放送でよく聞いていた。これだけよく聞く歌だと、どの学生でも聞き慣れてメロディーは覚えている。中国語カバーをよく聞いてメロディーを覚えていれば、あとはパワーポイントで日本語の歌詞を見せるだけである。これで学び始めたばかりの学生にも、いきなり「日本語の歌が歌える」という経験をしてもらうことができる。

試しに日本語科の一年生の授業でやってみると、大成功であった。コンピュータ専攻の三年生の日本語の授業は八クラスに分かれており、担当の中国人教師に相談し、授業の始めや休憩前、休憩後の五分をもらって歌を歌い、週に一回全クラスを回るようにして歌を歌うようになった。

大学生がいきなり歌えと言われて歌ってくれるのだろうか、という懸念はあったが、実際にやってみると実に簡単なことであった。素直な中国の学生に大声で歌ってもらうためには、こちらが大声で歌ってしまえばいいだけだったのである。照れずに本気で大声を出せば、学生側も恥ずかしがる余裕もなく歌ってくれる。照れてしまうとそれが学生にしっかり伝わり、ちゃんと歌ってくれる学生などほとんどいなくなってしまう。私自身それまで大声を出すことも人前で歌を歌うことも大の苦手であったが、やっているうちにすぐに慣れてしまった。普段歌なんて歌わない、カラオケも嫌い、という学生であっても、周りが大声で歌っているとつられて同じように歌い、歌うのも結構楽しいものだと思ってくれるようである。

皆が日本語で簡単に歌えるという経験を与えることはできたものの、「未来へ」を延々と続けるわけにもいかないので、使えそうな曲を他にも探す必要がある。日本語科一年生の授業でいろいろと試してみたところ、日本語の歌の中国語カバー版自体は八〇年代に香港や台湾で大量に作られたため数は多いものの、カバー版が大ヒットして現在の中国の大学生が「全員」知っている歌となると非常に限られてくる。「未来へ」と同様に使いやすいのは、つじあやの作詞作曲の「風になる」（映画『猫の恩返し』主題歌、中国語カバー版は梁静茹「大手拉小手」）で、曲調も歌詞の内容も明るいので使いやすい。次に使いやすいのは意外にも、テレサ・テン「時の流れに身をまかせ」（中国語カバー版もテレサ・テン自身が歌っている）となる。他の曲となると、中国語版は有名だが元の日本語の歌が非常にマイナーなものになったり、クラス全員が中国語カバー版を知っているわけではないという感じになってくる。

新しい歌が次々と出て、一年前どころか数カ月前の歌がもう古い曲として忘れ去られていってしまう日本のポップスと異なり、中国では歌のサイクルが長く一度ヒットすると何年も歌い続けられる。とはいえ十年も経つとさすがに状況が変わってきて、最近は「未来へ」の中国語カバー版を知らないという学生もちらほらみられるようになってきた。しかし、「時の流れに身をまかせ」は十年前も今も全員がしっかり知っている。今の大学生が生まれる前に亡くなっている歌手の歌を誰もがよく知っているというのは不思議なものである。変わったのは「お父さんお母さんが好きな歌です」と言っていたのが「おじいさんおばあさんが好きな歌です」に変わってきたことだけである。

中国に来て十四年が経つ。勤務校は変わりつつも、五分で歌を歌うという「課外活動」は続けている。現在の勤務校は外国語大学であるため、日本語科のクラス数も一学年六クラスと多い。自分が六クラス全ての授業を担当することができるわけもないが、スピーチ大会の練習や演劇大会の練習の手伝いといった様々なイベントのためにも、日本語科の学生は皆こちらの顔を知っているというようにしておいた方が何かと便利である。何より、一年生で日本語の勉強を始めて数週間、ひらがなが読めるようになった段階でもう立派に日本語の歌が歌えるという楽しさを経験してもらいたい。そのため、現在でも他の中国人教師の授業の開始前の五分を使わせてもらって、一年生の各クラスを回っている。二年生三年生と勉強を重ね、専門的な文章が読めるようになり、日本語で卒業論文が書けるようになったあとでも、卒業式のイベントでクラスで何かやるとなった時、一年生の時に歌った歌を歌おうかとなるクラスが時々あり、知らずに観客として見ていると驚くと同時にうれしく思う。そんな学生の思い出になれたらと思い、今日も大勢の学生と一緒に楽しく日本語の歌を歌っている。

岡沢成俊（おかざわ しげとし）

一九七七年兵庫県生まれ。東京大学教養学部卒、同大学大学院修士課程修了。専門は日本語文法論。趣味はピアノ演奏。二〇〇四年より中国在住。（中国瀋陽）東北大学、上海対外貿易学院、広東外語外貿大学で日本語教師として勤務。

三等賞

暮らす

非常勤日本語講師　佐藤　正子（埼玉県）

一九九二年夏、友人に誘われて初めて中国を旅行した。北京の八達嶺に登り、すっかり中国迷になった。

翌年から、上海、西安、南京、洛陽と毎年のように中国を旅行した。いつしか旅行だけでなく、中国で暮らしてみたいと思うようになった。

そのため、一九九八年、子育てが一段落したのを機に、中国語を学ぶため、大学に入学。若者たちと机を並べた。副専攻で日本語教師養成課程を履修した。

そして、二〇〇三年、その願いが叶った。「江西省九江市の大学に日本語科ができるんだけど、行ってみないか」。中国語科の恩師が、声をかけてくれた。

大学で学んだことが実践できる絶好のチャンス。同じ大学の卒業生と行くことになった。だが、彼女の両親は、中国で前の年から流行していたSARSを心配した。結局、九江へは、私一人で行くことになった。

私も、SARSが心配でなかったわけではないが、夫や、高齢の父が元気な今を逃すと次のチャンスはない、と思い決断した。

その年の八月末、南昌空港に到着。空港には大学から日本語科の若い同僚が車で迎えに来ていた。陽はすでに落ち、九江までの道のりは、灯りがあまりなく急に心細くなった。

だが、学校に到着した途端、そんな郷愁は一瞬で吹き飛んだ。私がその日から暮らすはずの部屋には、ごみや下着が散乱していた。夏休み中、改装工事があり、その間作業員が使用していたようだ。夕食も、そこそこに大掃除。同僚も手伝ってくれた。私の赴任一日目は、こうしてスタートした。

私が暮らした外国人講師専用の寮は、「白宮」（ホワイトハウス）という名前で、白色の立派な建物。部屋が広くてよかったのだが、時々、ネズミに電話線やインターネットのコードをかじられたり、電気や水道が突然止まったりした。

赴任して一カ月。その日は国慶節で大学の大運動会。午前中は真夏のように暑かったが、午後になると、気温が十度下がり、肌寒くなった。薄い掛布団が一枚しかない私は、もう一枚調達するために、市内のデパートに出かけた。あいにくデパートは、改装休業中だった。仕方なく、布団屋を探して慣れない街を歩いた。やっと小さな店を見つけたが、この店は、注文して作ってもらうシステムだった。そのうえ、店主の話す方言がまったく分からず、店主にも私の普通語が通じない。途方にくれていると、店にいた女性の客が「どんな布団が買いたいの」と普通語で話しかけてきた。私が買いたい布団を彼女に伝えると、方言にして店主に伝えてくれた。私には、店主の方言を普通語にしてくれた。それを何回か繰り返し、やっと花柄の掛布団を作ってもらうことができた。その女性は、婦人小児健康センターを退職した女医の劉さんだった。

2004年、九江学院日本語角（日本語コーナー）で

布団を抱えて帰ろうとすると、劉さんは「ひとりで九江に来たの」「寮にひとりで住んでいるの？」「大学の中に日本人はひとり？」と、聞いてきた。「そうです」と答えると、驚いたようだった。そして「今度、ご飯を食べに来なさい」と言ってくれた。若くない日本人の女性が寮で、ひとりで暮らしていることに同情したようだった。劉さんが、初対面の日本人の私に、ここまで親切にしてくれたことに驚かされた。そして、胸が熱くなるのを感じた。
劉さんの好意は言葉だけではなかった。何日かすると寮に電話があった。「你吃饭了吗？」（ご飯食べた？）「まだです」というと、「食べにおいで」と食事に誘ってくれた。それまで、私は、部屋や、大学の食堂で、ひと

りで食べていた。気さくな劉さんの家族と一緒に食事をしていると、私まで笑顔になった

大学での生活に慣れるにつれ、放課後、熱心な学生たちが部屋に質問に来るようになった。夕方、「吃饭了吗？」と劉さんのように学生に声をかけるが、決まって「もう食べた」という。（学生の夕食は、ずいぶん早い時間なんだなあ）と思っていると、ある時、「食べた」と言った学生のお腹が「グー」と鳴った。私は気付いた。中国の学生は、礼儀正しい。先生に気を遣わせないように、「食べた」と言ったのだと。それ以降、学生を誘って大学門前の店で食事をすることもあった。

日本の大学と異なり、中国の大学は全寮制。放課後も、自習だけではなく多彩な文化・体育活動がある。外国語学部の学生は、「映画吹き替えコンクール」に挑戦していた。日本語科の学生は、日本語アニメの吹き替えに出るために、毎晩ビデオのある私の部屋に来て練習をしていた。宮崎アニメ「魔女の宅急便」に挑戦していた陳さんのチームが優勝。彼は今、広州で日本語通訳をしていて、幼稚園に通う女の子のパパだ。

また、私の広い部屋を使って、日本語角（日本語交流コーナー）を開いた。日本語科の学生や同僚の先生だけでなく第二外国語で日本語を学ぶ学生や、授業はとっていないけれど日本語に興味のある学生も集まって、覚えたての日本語でワイワイおしゃべりを楽しんだ。

あっという間に、契約の最初の一年が過ぎ、すっかり九江が気に入っていた私は、さらに半年契約を延長した。その後も、契約を延長することができたが、実家の父が入院したので帰国を余儀なくされた。

帰国して、十年余り。いまでも、「吃饭了吗？」という劉さんの、やさしい声がよみがえり、学生たちの活気にあふれた顔が浮かんでくる。

実は「ご飯食べた？」は、私の故郷でも子供の頃、よく耳にした。あのころは、日本は、誰もが、お腹をすかせていた。だから、相手もお腹をすかせているだろう」と、お互いに気遣い、「まだ」と言えば、「食べてけ」と誘い一緒に食べたものだ。

この素朴で温かい庶民たちの心遣いは、国は違っても変わることがないのだと思った。

私の住む川越には、旅行者だけでなく、仕事や結婚、留学生として生活する中国人が増えてきた。

留学生と言えば、九江から留学生してきた珊珊ちゃんは、よくホームシックになった。そんな時、一緒に九江

の話をした。

太原から来た蕾蕾ちゃんとは、一緒におかずを作って食べた。今年の三月には、彼女の大学院の卒業式に両親が来日し、一緒に川越を観光した。

また、同じ団地に住む特級料理人の滕さんとは、はじめは「你好」だけだったが、今では、彼が腕を振るっている料理の話などをするようになった。

そして、つい最近、町会のイベントで子供会の役員をしている二人の中国人の女性に出会った。「你好！　わたし、中国語習っているんです」と声をかけると、彼女たちは、驚いて振り返り、「中国語が話せるんですね」と、笑顔になった。彼女たちは登下校の児童の見守りにも参加している。

私は彼女たちの行動に心をうたれた。外国人として「おもてなし」を受けたり「援助」される側ではなく、町の一員として、積極的に、子どもたちの活動をサポートしているからだ。

さらに二人はこんな悩みを話してくれた。「実は、子どもたちが通う小学校には、日本語があまり話せない中国人の両親や子どもたちが、いるんです。何かできることはないかと話していたんです」

日本語の得意でない中国の人の力になろう。心強い中国人の彼女たちと力を合わせればきっと、何かができるはずだ。

一年余りの短い期間ではあったが。九江で、劉さんに出逢い、学生と共に暮らしたことで、旅行では体験することができない多くのことを学んだ。

九江が私にとって、忘れることのできない地になった。

こんどは、この町で私が劉さんになろう。

この街に住む、中国の人、他の国から来た人たちにも、この町が好きになってもらえるようにしよう。外国人が住みやすい町は、日本人にとっても住みやすい町なのだから。

劉さんの優しい心は、私の心の中で今も生きている。

佐藤正子（さとう まさこ）

一九五一年群馬県渋川市に生まれる。一九九二年初めての中国旅行（北京）。一九九三年より上海・南京・西安・洛陽など中国各地を旅行。二〇〇二年神奈川大学中国語学科卒業。卒業論文「河北省賛皇県第一号希望工程」。二〇〇三～〇五年江西省九江市九江学院日本語科講師として勤務。二〇〇五年より日本語学校非常勤講師。二〇一一年より川越市ボランティア日本語教室に参加。二〇一三年放送大学大学院文化情報科修了。修論「日中対照擬態語研究」

三等賞

やさしさにつつまれて

大学講師　福田　裕一（浙江省）

先日、WeChatの「西瓜足跡」（地図アプリの一種）で二十一省六十九都市を訪問したという結果が出た。この訪問数は上位〇・一％に入っているらしい。中国に来て今年でちょうど十年、たくさんの学生に出会い、たくさんの街を訪れ、様々な経験をしてきたのだと改めて感じた。

私は二〇〇八年八月三十日、中国を訪れた。初めての中国、初めての海外生活、初めての外国人学生、初めての日本語教師、初めて尽くしの生活が始まった。この日から三年間、安徽省蕪湖市で二百名の学生たちと一緒に楽しい生活を送ったわけである。

数年前に、久しぶりに蕪湖の学校を訪問した。外国語学院の先生や外事処の職員の方などみんな歓迎してくれて、思い出話で盛り上がった。ただ、その際にみんなが「福田老师，你身体还好吗」と尋ねるのだ。不思議な感じがしたがきちんとした理由があった。私は二〇〇九年に当時の流行性インフルエンザにかかり、十日間入院したのだった。外国人教師が入院すること自体が学校としても初めての事態、しかもその年に蕪湖でこのインフルエンザにかかったのは二人、そのうち一人は亡くなっている。みんなこの印象が強く残っており、私の体のことを気遣ってくれていたのだった。

この十年で、入院したことは最も大きな出来事と言える。先生方も教え子たちもみんな覚えている「忘れられないエピソード」だ。ただ、私の心に残っている最も忘れられないエピソードは、一人の男子学生との間での、もっと小さい、しかし心温まる出来事である。

二〇〇九年春、体調がよくない時期があり、微熱と咳が続き、鼻詰まりもひどかった。発音指導が主な仕事だから、だんだん個人的な問題では済まなくなってきたと思っていたら、授業後一人の男子学生が後片づけをしている私のところへ来て、「病院へ行きます」と私の腕を

初めての中国で、初めて教えた学生たちの卒業パーティーでの記念撮影
（本人は前列中央、本文に出てくる孟慶紅は後列左から３番目）

つかみ、半ば強制的に病院へ引っ張って行ったのである。「行きましょう」や「行きませんか」ではなく「行きます」と私の意思とは関係なく行くというのだ。この学生、孟慶紅という、物腰のやわらかいやさしい感じの学生だったが、普段からよく一緒にいたわけでもなく、特別成績がいいわけでもない、ごく普通の学生。彼が言うには、この日の顔色が特別悪かったらしく、またこの週は冷え込む予報が出ていたので、病院へ強制連行するにはいいタイミングだったらしい。医者にも「よくここまで放っておいたね」のような反応をされ、点滴二本……。一本一時間かかるから二時間ベッドにつながれていたことになる。その間も彼はずっとそばで見守っていてくれた、というより見張っていたといった方がいいかもしれない。ちょっと動けば「どうしましたか」「何ですか」と詰問され、布団から手を出せば即刻、中にしまわれるという……。

普段から一緒にいるわけでもなかったので、無言で二時間過ぎていくのかと思っていたら、彼が話し始めた。もちろん、病人の私には話をさせない。やはり、今でも印象に残っていることが二つある。一つは将来についての話。卒業したら故郷に帰って子どもたちに自分が経験したことを伝えたいと魯迅の小説の一節のようなことを話していた。農村の教育環境は決していいとは言えず、だから自分が戻って何かしたいと言うのだ。安徽省の学生は農村出身者が多かった。一度だけ農村出身のある学生の家に行ったことがあるが、本当に田園風景が一面に広がる農村であった。子どもの頃は電気がなかったという話も聞いたことがある。都市へ出てきて、便利さにも慣れている学生が便利とは言えない自分の故郷に帰って、子供たちの役に立ちたいと願っている。そんな学生だから私を病院に連れてきてくれたのかな、とほっこりした気持ちになった。

もう一つは、「ともだち」ということ。「先生は友達です」と、よく学生が言うが、日本人の感覚だと教師と学生が友達というのがなかなかしっくりこない。孟慶紅もこの時そう言った。ただ、この時彼は続けてこう言ったのだ。

「家に帰れば両親も『ともだち』です」

本当に驚いた。家族を大切にする中国人、その家族と同じように私のことを「ともだち」と言ってくれたのだ。しかも、普段から一緒にいるわけでもない、ごく普通の学生の口からそのような言葉が出てくるとは。学生が言う友達は、日本語の友達とは少し意味が違うのではないかと感じてはいたが、この日「ともだち」の意味が少し理解できた気がした。そして、教師としても認めてもらえているのだと安心もできたし、自信にもなった。教師として、この学生たちのために精一杯の授業をしなければと気合いも入った。

このあと、彼が少しそわそわし始めたと思ったら、何か用事があるらしい。学校から近いし、点滴が終わったら自分で帰れるから大丈夫だと言っても、どこかに電話している。そうすると、他の学生がやってきて、「私は用事があって帰りますが、これからは彼らが先生と一緒にいます」と、病気の私を気遣い、自分の代わりをしてくれるクラスメートを探していたのである。そして、点滴が終わったら、私に食事をとらせてから帰るようにとやってきた学生に指示し、申し訳なさそうに帰っていった。

日本のメディアでは中国人の悪い部分が目立ってしまっているが、日本人のおもてなしに匹敵するくらいの気遣いが中国の若者はできると感じている。日本人のおもてなしを上回っているかもしれない。先日、ある日本人の先生も「自分の目に映る中国の学生も教師もみな、ホスピタリティが高いと感じているのに、それが反映されない」とおっしゃっていた。安徽省、河北省、江蘇省、そして浙江省。様々な地方で教鞭をとってきて、様々な人と交流してきて、私は中国人の気遣い、親切さ、勤勉さ、素直さ、温かさに触れてきた。中国人のたくさんのやさしさに包まれているからこそ、この異国の地で十年という長い時間を過ごしてこられたと思っている。日中関係が悪くなった時もあるが、私はそれが原因で嫌な思いをしたということはない。むしろ、両国の関係がよくないからこそ感じられる中国人の温かさがあった。

先日、孟慶紅と連絡を取ってみた。上海浦東国際空港に約三年勤めたのち、今は全国各地で展覧会などを開催する仕事をしているらしい。とても忙しく全国を回っているらしく、連絡をしたときは広西南寧にいた。このあと雲南に行くと言っていた。今回、この文章を書くことを伝えたら、もっと親しい教え子がいるのにどうして自分のことを書くのかと不思議がっていたし、そもそも彼自身はこの出来事を忘れていた。私が意外にも触れた彼のやさしさ、温かさは、彼にとっては日常であって特別なことではなかったのかもしれない。

福田 裕一（ふくだ ゆういち）
一九七七年生まれ。大学卒業後、警察官、塾講師などを経て、二〇〇八年に初めて中国へ渡航。安徽省の蕪湖職業技術学院（大専）で三年間日本語を教える。その後、河北省や江蘇省の大学で教鞭をとり、現在は浙江省杭州市の浙江外国語学院（本科）に勤務。二〇一三～一四年は杏林大学国際交流課に勤務。中国語は大連や蘇州で合計四カ月学習し、二〇一一年にHSK五級合格。

三等賞

私たちが繋ぐ日中関係とこれから

大学院生　清﨑　莉左（東京都）

私が初めて中国を訪れたのは、公益社団法人日中友好協会が主催する日中友好大学生訪中団に参加した、大学三年次であった。約一週間の訪中では、北京・西安・上海の三都市を訪問した。これまで私は、中国というと環境問題や反日、中国脅威論といった、各種メディアを通しての表面的で一面的な中国しか知らず、先入観で決めつけているところが少なくなかった。しかし、中国人留学生や日本にいる中国人の友人と話すたびに、メディアとは違った印象を持っている自分に気づいた。そこで、自分の目で直接中国を訪れて確かめたいと思い、訪中団に応募したのだった。

初めての中国は、期待よりも不安ばかりが先行していたが、振り返ってみるとこんなにも充実した一週間は、これまでの大学生活においてもなかったように思う。直接訪れたことで気づくことが多々あり、何もかもが私の中で新鮮であった。

自分の足で登った万里の長城からは中国の雄大さを知り、日々の食事を通して感じた多彩な食文化、壮大な兵馬俑資料館を訪れて知ることのできた悠久の歴史の一部、伝統芸能や自分の目で見た景色など、五感のすべてを使って学んだ一週間であった。国家の中枢を担う首都北京、数千年の歴史を持ち、城壁に囲まれた西安、そして近代の中国を見た上海と、過去から現在までの中国の歴史を約一週間で一度に歩んできたような思いだった。自分の目で見たものは、一部であるかもしれないが、直接訪れ、肌で感じたことは何より確かな情報であり、伝えるべき事実である。

訪中に際し、同世代との交流が特に印象的であった。会話を通して、お互いに率直な意見を交わすこと、飾ることなく自分の言葉で気持ちを伝えることこそが交流の原点であり、日中友好に向けた出発点でもあった。そこにはなにひとつ歪んだ感情などなかったことを記憶して

敦煌、鳴沙山にて大ジャンプ（2018年6月）

いる。中国人学生から聞こえてきたのは、日本についてもっと知りたい、仲良くなりたいという純粋な意見ばかりであった。このような意見は、誰かが介入するのではなく、直接会話をすることで知ることのできた事実である。最後にまた会いましょうと約束し、お互いに笑顔で握手をして別れたことは非常に印象的であった。これまで自分の中で、近くて遠い存在だった中国を一気に最も親しい国であるかのように感じた。

　お互いに言葉が通じないからこそ相手のことを理解しようと必死になり、自分のことを伝えようと努力する。この姿勢が大切なのである。同時に、この対話による交流が異文化を知るうえで最も大事な手段のひとつであり、難しさでもあるということに気づかされた瞬間でもあった。知識による学びだけでなく、現地に足を運ぶことの大切さを実感した一週間でもあった。

　中国と縁があったのか、今年の日中友好大学生訪中団の学生ボランティアとして選んでいただき、随行する機会をいただいた。訪問都市は、前回に加え、敦煌を訪れた。敦煌は以前から私の中で一番訪れたい都市であり、夢が一つ叶った瞬間でもあった。砂漠の中のオアシスとも呼ばれる月牙泉、そして鳴沙山、莫高窟、シルクロードなど教科書の中で見た以上の景色がそこには広がっていた。そこでの景色は今でも鮮明に目に焼きついている。

北京での学生交流においては、私が初めて訪中団の一員として訪中した時の学生に偶然にも再会することができた。お互いに驚き、三年前に交わした「また、会いましょう」という約束を果たすことができ、感無量であった。これは日本と中国がつないでくれた一つの縁であり、今後も大事にしたいと思える時間となった。

他方、これから日本が世界の中で成長していくためにも、国際社会を形成していくためにも、隣国隣人である中国とどのように付き合っていくかが重要となってくる。特に、日本と中国の歴史は重なり合う部分が多く、歴史を踏まえた相互理解は欠かせないだろう。しかし、歴史だけでなく、日本と中国をつないでいるものが存在しているはずである。それが対話によるものであるならば、なおさら、私たち若い世代による交流が必要不可欠だと考える。その過程の中で、価値判断を自分ではない誰かの基準に委ねてしまうことは、新たな誤解を生むことにつながりかねない。そこから相手国に対する先入観や思い込みでの判断につながるのだろう。そうならないためにも、歴史を鑑として、お互いに直接向き合って話し合うべきである。

また、国と国を繋ぐということは、人と人を繋ぐということでもある。訪中を通して得たもの、そのときに感じたありのままの事実、見た景色を他者に伝えるという責任が私たちにはあるはずだ。瞬時に連絡を取り合えるデジタル化した便利な社会であるからこそ、直接膝を交えて対話することの大切さに気づくことができた。決して、国家間の交流だけが外交ではない。一人ひとりが両国を代表とする大使なのである。私は、これまでの訪中を通し、その一員となることができ、大変感謝している。先人たちが努力して築きあげてきた、日中友好の歴史を、これからは私たち両国の若い世代が日中関係を支える役割を担っている。

現在、私は大学院に進学し、国際関係学を専攻している。環境問題を中心に研究する中で、将来は、国際人として世の中に貢献できる人財になりたいと考えている。そこに訪中時に得た経験がきっと活きてくるだろう。外交とは、一人ひとりの経験が国交を支えている。訪中時の経験と自分の目で見てきた事実は、私を支える大きな軸となっていることは確かである。今年は日中平和友好条約締結四十周年という節目の年にあたり、これからの日中両国の発展に向けての新たな出発点としたい。様々なきっかけを与えてくださった恩師、日中両国に感謝いたします。

清崎 莉左（きよさき りさ）
熊本県熊本市出身。現在、早稲田大学大学院在学中。国際関係学を専攻しており、環境問題に関心がある。法政策の視点から研究中。初めての訪中は二〇一五年。特技はスポーツ全般。

三等賞

一年間、楽しく過ごしました

大学講師　牧野　宏子（神奈川県）

二〇〇一年、当時勤務していた横浜の女子短大から思いがけず在外研究の機会を得て、北京第二外国語学院・日語系に籍を置くこととなった。四月一日、不安と緊張で一杯の中、日語系責任者・チョウ先生にご挨拶に伺った。横浜でも何度かお会いしていた先生にその時言われたことは、今も忘れられない。

「前から来たかった中国にとうとう来たのだから、とにかくこの一年間を楽しく過ごして下さい。中国に慣れないとか、言葉が上達しないとか、一切考えないで一日一日、今日も楽しかったなーと思って毎日を送ってほしい」

緊張がほぐれた一瞬だった。白い桃や黄色のレンギョウの花が満開の校庭を、ゆっくり歩いた。どこかでキツツキがせわしなく樹をつついているのが、聞こえていた。

こうして始まった北京の三百六十四日。結論を先に言ってしまうと、私の中国語は本当に上達しなかった。一番呆れているのは本人である。アジアの芸能人を好きになった結果、その国のことばが話せるようになったという方がいるが、本当に偉い人だと思う。私も初めに中国に関心を持ったのは、一九九三年秋に東京・高田馬場の小さな映画館で開催されていた「中国・台湾・香港映画祭」がきっかけであった。この一週間に見た映画は、歴史もの、コメディー、恋物語、すべて面白く中国に行ってみたいと切実に思うようになった。

一九九四年夏、北京育ちの同僚が彼女の実家の近くのビジネスホテルを三週間予約してくれた。朝は、近くの公園（朝陽公園と言ったと思う）で六時十五分から四十五分間行われる不思議な体操に参加することから始まった。まずは手足の指を動かし、次第に全身をうねらせるような動きとなり、最後には汗びっしょりになる。この体操が終わるころ、七時に公園向かいのマクドナルドが店を開ける。ここで一杯三元（約三十六円くらい）のコーヒーを飲み、ホテルに戻って一日の計画を立てる。

九四年ころは、「録像庁」という、ビデオを楽しめる不思議な店が北京の街のあちこちにあった。現在も営業しているだろうか。古いビデオを二本、三本立てで見せてくれる。どう見ても映画館の観客がホームビデオで客席から撮ったらしい、人が画面を横切るような怪しいものもあって面白かった。録像庁はホテルの近くに三カ所。電柱に貼ってある予定表を見てその日の段取りを決めていた。バスに乗って天安門を過ぎ、漬物の老舗「六必居」などがある賑やかな通りまで来ると、わずかな間に三軒の録像庁があり、それぞれ日本にはまず来ないような映画が掛かっていた。

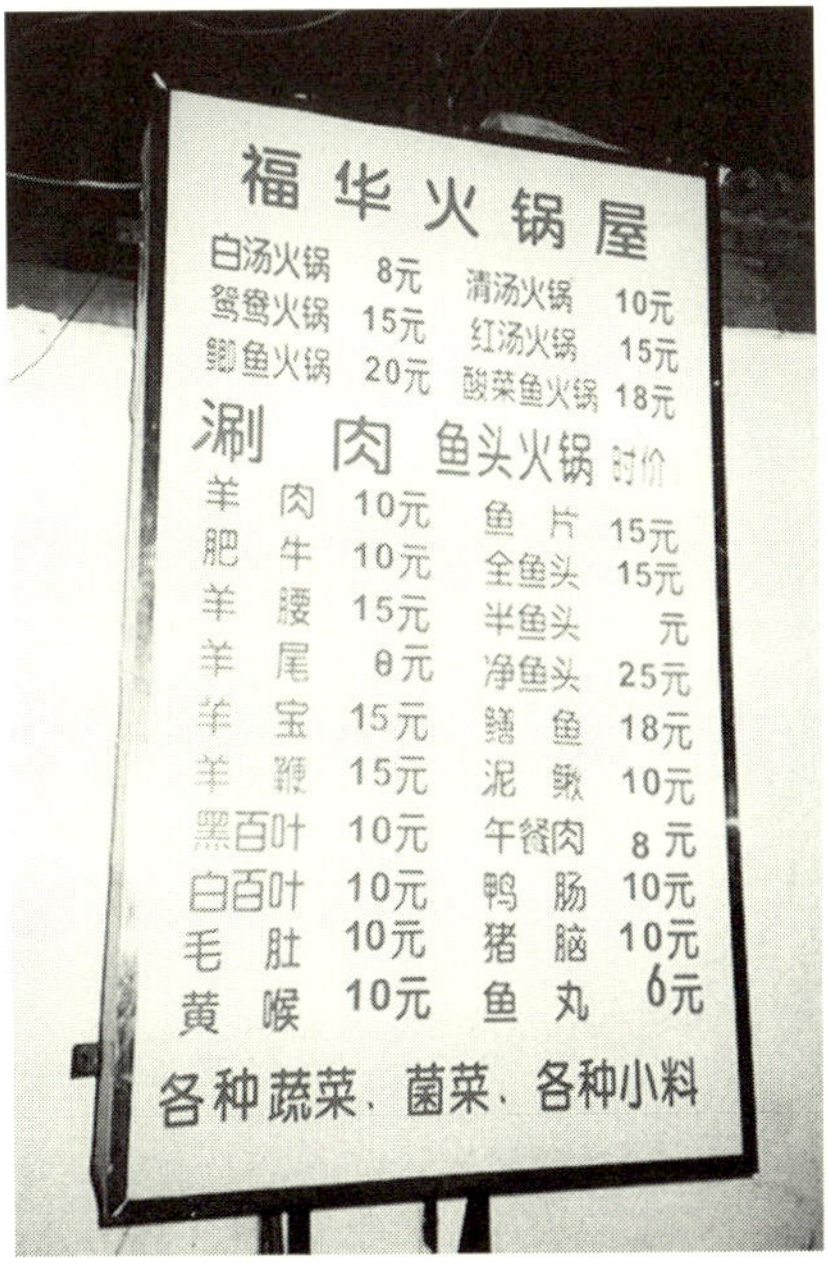

2001年夏、北京火鍋屋の看板

五本立ての「オールナイト」（十五元）もあった。初めは入るのが少々怖かったが「冷気開放（冷房完備）」などという言葉にも惹かれ、何より五本のうち二本が私の大好きな、チョウ・ユンファ主演作品であるのが嬉しく、眠さも忘れて最後まで楽しんだ。翌朝早く、通勤に向かう自転車の人たちの群れを縫い、揚げたての「油条」をかじりながら、バス停に歩いて行った時の開放感、幸福感は例えようのないものであった。結局この三週間に、私は二十七本の映画を観た。九月半ば、風が急に涼しくなり、今まで見えなかった山々がホテルの窓から見え始めたころ、後ろ髪を引かれる思いで横浜に帰った。

この九四年の夏以降、中国のことが頭から離れなくなってしまった。不思議なおまけとして、幼いころから悩みの種であった私のアトピー性皮膚炎は、この夏を境に夢のように治ってしまったのである。帰国後初めて会った友人たちは、目を丸くしていた。あの不思議な体操の話をすると「多分、それにデトックス効果があったのでしょう」

という人もいたが、結局のところ、因果関係は分からない。ただ、あの三週間を通じて感じていた開放感が一役買っていたと、今は思っている。

さて、二〇〇一年北京第二外国語学院の留学生初心者クラスに入った私は、教員であることをひたすら隠していた。中国に学びに来ているのは、現役の学生が圧倒的である。「教師」というのは言いにくかった。だから「中国映画や中国料理が好きな主婦」ということにしておいた（何も間違ってはいない）。日本男性は「昔漢文が好きだったから」とか「三国志の世界に魅かれて」という年配の方も多かった。初級クラスは十数名。十人くらいが韓国人で、「欧米に二年留学する費用で、中国なら四年間勉強できるよ」と言っていた。

一人の韓国の女子大生は「こちらでまず中国語を学んで、それから中国の水墨画を身につけて、帰ったら絵の塾を開きたいの。韓国ではね『先生』というものは尊敬されるのよ」と言っていた。アメリカから来た二十代後半の女性は「夫が米軍にいる従妹をこの間、沖縄に訪ねたのよ。それで何て魅力のある文化なのかと感激して、東洋文化というものに興味を持ったの。漢字の書き取りは難しいけどね」と話してくれた。

この同級生たちや、また日本語を学んでいる中国人学生と話すのは楽しいことだった。

ある時、日語系の大学院生・リー君に尋ねられた。

「僕は森鷗外に関心があるのですが、森鷗外というのは、日本では全く知られていない人なのですか？」

「そんなことはありません。誰かがそう言ったの？」

「〇〇君が、そんな人は聞いたことないというのです」

私が〇〇君の顔を確かめに行くと、かなり流暢に中国語を話す日本人学生であった。自分の教えている学生だったら「鷗外を知らないって何なの？」くらいのことは、言うけれど、遠慮した。リー君には「鷗外は何冊か持ってきているから、読みたかったら言ってね」と答えておいた。

こんなこともあった。

「中国語で合いの手のように「真的嗎？」と言うけれど、日本では何というの？」と、留学生クラスの韓国人に聞かれた。「本当？」かな、などと私が考えていると、横にいた日本人の男子学生が「『マジで？』と言うんだよ」と、答えた。それは、いけません。「それこそまじめな話をしている時にそんな受け答えをされたら、真面目な日本人は怒ります。ビジネスだったらまとまる話も壊れるかもしれませんよ！」とこの時ばかりは、自分の意見をかなり主張した。

しかし、ことばを注意するということは本当に難しい。八月半ば、日本から遊びに来た友人と内モンゴル旅行をした。フフホトのホテルの売店の若い男性が、丁寧な日本語を使う人だった。友人が「日本語が本当にお上手ですね」とほめると、「いえいえ、ほんの雀の涙ですよ」と答えた。

部屋に戻ってから「言った方がいいかな？」と彼女。もう一回使ったらそれとなく話そうということになり、翌朝お土産を買う時にもう一度日本語をほめたら、今度は「いえいえ」だけで終わってしまった。彼は「雀の涙」と今でも言っているだろうか。

秋学期になって、一週間ほど日語系の大学院生に日本の古典の授業をした。この院生たちのレベルはかなり高い。日本の高校の教科書にも載っているような漢詩を紹介して「日本語のこういう読み方は美しいでしょう？」と、問いかけたら、一人の女子が「そう思います。でも、やっぱり中国語の方が美しい言葉だと私は思います」と答えた。何となく嬉しかった。彼女は、その後日本に留学したと聞いている。

一年間、チョウ先生に言われた通り、私は楽しい毎日を過ごした。三月末、黄砂の飛ぶ日、私の送別会の席で、日本語通訳・ヨさんが言ったことを、帰国後元気が出ない日には思い出すことにしている。

「日本人はね、物事を真面目に考え過ぎなの。中国人はそんなにいろんなことを重く考えないわ。日本人に肩こりだとかストレスが多いのは、結局まじめだからと思うのよね」

牧野 宏子（まきの ひろこ）

一九四九年東京生まれ。一九七一年慶應義塾大学文学部（国文学科）卒業。私立高校、進学塾等講師。一九八九年成城大学大学院文芸学部博士課程（国文学）修了。一九八九年関東学院女子短期大学国文科専任講師。二〇〇一〜〇二年北京第二外国学院日語系で在外研究。二〇〇二年関東学院大学人間環境学部准教授。現在、関東学院大学人間共生学部非常勤講師。趣味は旅行・料理・映画鑑賞。

三等賞

憧憬を確かめるための中国滞在

大学生　浦道　雄大（神奈川県）

私は幼い頃から中国に対して淡い憧憬を抱いていた。いつかは行きたいと思っていた中国に、念願叶って二十歳になるときに滞在する機会を得た。中国の北京・上海・広州に滞在した。それは中国の素晴らしさに触れることができた素晴らしい思い出になり、日本を見つめ直す良い機会になった。

私は二〇一六年八月、夏の暑い日に日中学生会議の活動で中国に三週間滞在した。日中学生会議とは日本と中国の学生約六十名が集まり、互いに経済や政治、文化について議論する活動に加え、衣食住ともに生活する中で国際理解を深める団体である。いつか中国に行ってみたいとは幼い頃から思っており、この団体に入れば安い費用で中国に行けるため、軽い気持ちで参加することにした。これが私の初めての中国での滞在経験であった。

長崎県で生まれ十八年間育った私にとって、中国は幼い頃から意識していた国であった。長崎は地理的に中国と近く、上海へは東京よりも短時間で行くことができる。鎖国時代においても、長崎は海外との唯一の貿易の窓口として中国と交易していた。中国人の居留地は唐人屋敷と呼ばれ、自由に出入りが行われていたために、中国文化は長崎に深く根付いていた。長崎くんちや精霊流しなど長崎伝統の年中行事も中国から伝わったものである。私の幼少期のお気に入りの中国イベントは「長崎ランタンフェスティバル」である。中国の旧正月の時期に合わせて、数えきれないほどのランタンを並べて祝う祭りである。この祭りの期間中は長崎が活気付き、街も色とりどりのランタンで賑やかになる。私も毎年、祭りに行き、「よりより」という硬いお菓子を食べるのが楽しみであった。

しかし、私の中国に対するイメージは良いものばかりではなかった。メディアを通して見る日中関係は多くの問題が顕在化していた。尖閣諸島の問題では中国で大規

日本人と中国人の学生が交流しているシーン

模な反日活動が起き、第二次世界大戦に端を発する謝罪問題からは戦争でもつれた日中間のわだかまりが今でも解消されていないことが分かる。私は中国を身近に感じながらも、政治や経済など国レベルではどうして日中関係はうまくいかないだろうと不思議に思っていた。そのこともあり、日中学生会議に入って滞在することにより、本当の中国を知りたかったのかもしれない。

八月六日に私は北京国際空港に降り立った。常日頃、日本に暮らしているため、外国に滞在することは非日常であり、心が浮き立っていた。バスからは建設が進む高層ビルや広い大地が見えた。それは、私が幼い頃から抱き続けてきた中国への憧憬と重なるものであった。私たちは北京、上海、広州の順で各地に一週間ずつ滞在した。同じ中国ではあるものの三都市とも大きく異なり、それぞれに違った良さがあった。北京では私がイメージしていた中国そのものを感じることができた。どこに行っても人で溢れかえる町。北京ダックをはじめとする中華料理。渋滞が続く道路と大気汚染によりどんよりとした雲。広大な故宮。中華街は幼少期に通っていた長崎のものとはスケールが全く異なり、本当の中国を見ることができ感動した。数多くの露店も立ち並んでいて、私は大量に果物を買って食べたところ、案の定、腹を壊してしまった。上海では経済成長する中国が垣間見れた。外灘のロマンチックな景色は生涯忘れることはないだろう。また、街並みも欧米風で街行く人々もアジア系から欧米系まで様々であり、さすが、中国きっての国際都市であると感じた。広州は中国というよりも東南アジアの国々に近いような雰囲気であった。広州で最も印象に残っているものは「食」だ。魚から肉まで美味しかった。物価もとても安くついつい食べすぎてしまった。「白酒」という酒に出会ってしまった私は飲みすぎて、ある時点からは記憶がない。他には、どの都市でも共通して、人々が「電子決済」を行っていることに最も驚いた。日本は未だ現金主義の国なので、中国人の技術を取り入れるスピードには感心した。

日中学生会議の活動の一環で、私たちは「中国人民抗日戦争記念館」に訪問する機会があった。日中戦争の発端となった盧溝橋事件の事件現場の近くにある博物館である。博物館の展示では、終始、日本に対する非難がなされていた。私が日本で教えられてきた戦争の事実とは大きく異なる箇所もあった。私は戸惑ったが、真っ向から否定してはいけないと考えた。日本と中国の歴史は長く、両国の関係は悪くなることも多々あった。特に日中戦争や第二次世界大戦の問題は今もなお尾を引いている。中国の学生と話したが、延々と続き、双方が腑に落ちることは非常に難しいと感じた。今後も日中関係を考える上で、このような負の歴史に目を背けてはいけない。

私たちは六十名ほどで団体行動していたため、寝る時間以外、終始中国の学生と行動をともにしていた。中国に来る前は、「中国人は自己主張の強い人が多いのかな」という勝手な偏見を持っていた。あながち、それは間違っていなかったが、中国人も日本人と同様に穏やかな人からよく喋る人まで多様であった。中でも、私は中国人学生の向上心の高さには驚かされた。日本人学生は同調していく傾向が強い。その一方で、中国人の議論や学ぶ上での積極的な姿勢が印象的であった。学生の中には中国で起業している者もいた。そのような血気盛んで積極的な姿勢が中国での急速な経済成長を可能にしたのだと感じた。加えて、彼らはとても親切であった。彼らは懇切丁寧に三年を案内してくれ、親身になって話を聞いてくれた。私は中国人の温かさに触れることができ、実際に滞在したことで中国をより好きになった。民間の交流においては、日中関係はとても良好である。政治や経済などマクロレベルでもきっと良い関係を築けるだろう。

中国での三週間の活動を終え、私たちは広州白雲国際空港から日本への帰路に就いた。その際、日本人学生、中国人学生どちらも涙を流し、別れを惜しんだ。それは、私たちが日中間で深い友情を築けたことを表す光景であった。

翌年、日中学生会議は日本で開催され、今度は私が中国人学生を招く立場となった。私は日中学生会議の団体運営にも携わっていたため、日本のどの地域で開催するのかを決めることができた。迷わず、私は故郷の「長崎」を開催地にした。開催日は長崎の原爆投下日の八月九日に合わせた。当日は平和式典にも参加することができ、日本人と中国人学生で平和に対する理解を深めることができた。これは、いつか国境を越えて平和の大切さを説きたいと考えていた私にとって、夢が叶った瞬間でもあった。

大学時代に中国に滞在し、中国との関わりを深めたことで、私が幼い頃から抱き続けた中国に対する憧憬は未来への希望に変わった。昔から不思議と中国と縁がある私は、今後もどこかでつながっていくのだろう。

浦道 雄大（うらみち ゆうだい）

横浜国立大学経済学部四年生。専門は財政・金融政策。生まれてから高校卒業までの十八年間を長崎県で過ごす。学生時代は大学二年生から三年生まで日中学生会議に所属し、日中関係の交流を促進する活動に従事した。日中関係学会主催の学生懸賞論文では「日中経済とシェアリングエコノミー」というテーマで最優秀賞を受賞。趣味はマラソン。餃子の王将でアルバイトしていたことがきっかけで中華料理が大好き。

三等賞

私の見た本当の中国

大学生　小林　謙太（東京都）

初めて中国を訪れたのは大学二年生の時であり、一年間天津に留学しました。メディアなどによる報道もあり、中国に対して元々良いイメージを持っていなかった私ですが、大学一年生の時に中国人の友人と出会ったことがきっかけとなり、中国のことをもっと知りたいと思いました。彼とは授業が同じで私が中国語を少し勉強していたこともあり、私から話しかけたことが始まりでした。「〝眠い〟ではなくて〝すごく眠い〟は中国語でなんと言えばいい？」、このように話しかけたのを今でも覚えています。その後も活発に交流するようになりました。そして、私が思っていた中国と彼と接して知った中国は全く違うと気づきました。私は〝本当の中国〟を自身で確かめたいと思ったことから、中国への留学を決意しました。

中国に到着してすぐに中国人の友人ができました。彼女は中国での生活の仕方を丁寧に教えてくれました。中国に着いたばかりの私は簡単な単語を並べ、何とか話せるレベルでしたが、友人は私のためにゆっくり話してくれました。発音が間違っているとすぐに訂正してくれました。そのおかげもあり二週間ほど経つと、生活に必要な簡単な中国語をスラスラ言えるようになっていました。三カ月経つ頃には友人から「来た時に比べてすごく上達したね」と言ってもらえました。友人は私に中国人は各地域で話し方が違ったりすることがあるので多くの中国人と交流した方が良いとアドバイスしてくれ、新しい友人を紹介してくれました。私が今まで接していた友人とは話し方が異なり聞き取りづらさがありました。一生懸命中国語を勉強していた私にとって悔しいことであり、もっと努力しようと思いました。多くの中国人の友人と交流していると、広い中国は各地域で食文化が異なり、世界遺産もたくさんあることを知りました。そこで、長期休暇を利用して中国を一人で周ってみることにしまし

友人の実家で春節を過ごした時の料理

た。簡単な中国語を使い、ゆっくり話してくれる中国人の先生や友人と話すのとは違い、旅行中に出会う中国人の方々の話す中国語はとにかく聞き取るのが難しかったです。そのため、店員さんに積極的に話しかけることや、地図のアプリを使わずに近くにいる人に道を聞き、できるだけ中国語に触れる機会を増やしました。二カ月間で訪れた場所は約二十カ所（現在では合計三十カ所程の都市を訪れました）、食文化の違いや方言を自分自身で感じることができました。なにより嬉しかったのは新しい友人ができたことです。南京を訪れていた際に私がお土産屋さんで商品を眺めていたら、アルバイトをしている学生の方が商品の紹介をしてくれました。その後、一緒にご飯を食べようと誘ってくれ、他の友人も含めて四人でご飯を食べました。日本とは違いみんなでいくつもの食べ物を一緒に食べる文化のある中国は、人数が多いと食べる料理の種類も増え、とても楽しかったです。そして日本に帰国した今でも連絡を取る関係にあることに喜びを感じます。留学して一番良かったことはたくさんの友人と知り合ったことです。

帰国後、私は大学三年生になり、日本での生活に戻りました。中国の生活が名残惜しかった私は、夏休みに中国の友人の家に泊まらせてもらい、一週間ほど滞在しました。私の二回目の訪中は中国の家庭での生活となり、とても新鮮でした。リビングのテーブルにはお茶のセットがあり、お茶を淹れてくれました。親戚もみんな集まり円卓を囲みながらご飯を食べたときは、中国の文化を感じられ楽しいひと時でした。帰国前に友人の両親が「また来てね」と言ってくれ、最初から最後までずっと優しく面倒をみてくれて温かさを感じました。また、大学三年の時は日本でできることとして積極的に中国語スピーチコンテストに参加しました。目的は中国語の上達と日本人に私が知った中国を伝えることでした。私が参加した「漢語橋東日本地区予選大会」では三位に入賞し、中国の上海へ訪中団として行くことになりました。一週間の中国での滞在で同済大学と寧波大学に行き、現地の学生と交流しました。今回の訪中を通して日本人からあまり良い印象を持たれない〝爆買い〟という文化に隠れている中国人の優しさを知りました。バスガイドさんが中国の文化についていろいろと教えてくれました。今でも中国人が海外に行くときはビザの手続きが少し面倒ですが、昔は海外に行くことは夢のような話だったということです。先祖まで調査をして問題がないと初めて海外に行けると話していました。これを聞いて、もし私が同じ状況で海外に行ける切符を手に入れたらどうするのか考えました。答えは、家族や親戚、友達にたくさんお土産を持って帰ることです。中国から海外へ出る難しさが創り出した中国人の思いやりは素晴らしいことだと思います。中国での体験は毎回新しい発見があり、また多くの人と接することができ、私の視野を広げてくれました。

秋に参加した武蔵野大学主催の中国語スピーチコンテストに参加した際に、中国大手メディア〝網易〟より取材を受けました。中国人に日本を紹介するライブ配信を主に行っていて、中国語を学習している日本人の話を聞きたいということでした。取材終了後、話していると私がライブ配信にゲストとして参加して良いと言ってくれました。初めてのライブ配信は私と中国の方の二人で都内で行われた日本全国のラーメンが集まるイベントに参加し、実際にラーメンを食べてリポートをするという内容です。緊張しましたが、中国の方の助けもあり無事に終えることができました。その後数回にわたりライブ配信を経験し、網易さんからあるオファーをいただきました。大晦日での年越しのライブ配信を私の実家で家族も一緒にできないかということでした。いくつかの海外の拠点で同時に年越しを祝うライブ配信を行い、その日本の撮影場所を私の実家にしてくれました。当日は母親がおせち料理や餅などを用意し、私は日本の文化を伝えるために福笑いや羽根つきなどを用意し、実際にカメラの前で福笑いを遊んだりしました。ライブ配信中の視聴者は二十万人、動画は現在でも再生することができ再生回数は百三十万回を超えました。コメント欄に「地元に遊びに来たらご馳走したい」などと私にコメントをしてくれる方もいてとても嬉しく思いました。

大学三年生までで私は中国に関係する様々な経験をさせていただきました。四年生になった私は中国の大学院に行きたいと漠然と考えていました。しかし、日本の社会を知るために就職活動をしてみることにしました。およそ百社の様々な業界の企業の話を聞き、私も社会で役立つことができると思いました。そして就職することを決意し、選んだ企業は三年間飽きることなく興味を持ち続けた中国と関係のある仕事ができる企業です。面接も無事通過し内定をいただくことができました。私は今まで学生として中国を見てきましたが、社会人になると新たな発見があると思います。私が日中の友好協力の促進に少しでも力になればと思います。

私にとっては初めて中国人の友人ができてから現在まで、すべてが忘れられないエピソードです。日本人から見た中国、中国人から見た日本、ともに歴史などから生み出される偏見がありますが、面と向かって交流してみることだと大事だと考えます。一人でも多くの方々に私の経験談を読んでいただけたら幸いです。

小林 謙太（こばやし けんた）

二〇一五年武蔵野大学グローバルコミュニケーション学部グローバルコミュニケーション学科入学。二〇一六～一七年天津外国語大学へ交換留学。二〇一九年武蔵野大学グローバルコミュニケーション学部グローバルコミュニケーション学科卒業見込み。

佳作賞 受賞者一覧

藤田 安彦 早稲田大学北京教育研究センター顧問
奥野 有造 元会社員
金谷 祥枝 会社員
中島龍太郎 密厳院 僧侶
北川絵里奈 会社員
宮川 曉人 会社員
服部 哲也 自営業
菅 未帆 外国人実習生通訳、中国語講師

西田 聡 学生
伴場小百合 学生
荻堂あかね 日本語講師
小山 芳郎 ジャーナリスト
村上 祥次 日本語教師
高橋 豪 新聞記者
荒井 智晴 黒猪精電影工作室 プロデューサー

第１回

忘れられない中国滞在エピソード

特別掲載

小島 康誉　新疆ウイグル自治区政府文化顧問
（公社）日本中国友好協会参与

武吉 次朗　日中翻訳学院顧問

特別掲載

相互理解促進を皆で！

新疆ウイグル自治区政府文化顧問
（公社）日本中国友好協会参与
小島 康誉

日本僑報社から「日中平和友好条約締結四十周年」記念として、『忘れられない中国滞在エピソード』が出版される。『日本人の中国語作文コンクール』『中国人の日本語作文コンクール』『忘れられない中国留学エピソード』に続く素晴らしい企画であり、敬意と祝意を表します。

段躍中編集長は一九九一年来日以来、夫人である景子社長とともに日中関係書三百六十冊出版、日中交流メールマガジン一三四〇号発行、日本人対象中国語作文コンクール実施のほか、中国人対象日本語作文コンクール計十四回実施約四万二千人参加、日曜中国語サークル五百六十回開催などをとおして、日中間の相互理解に豊富な実績をあげてこられた。私はかつて段氏の活動の応援のため「小島康誉国際貢献賞」を贈ったことがあるが、表彰式は大きなホテルではなく、日曜中国語サークル会場の池袋の公園で行った。地道な活動こそ重要だからである。私も中国で地道に活動してきた。段氏と私はいわば相互理解促進の同志といえる。

『忘れられない中国滞在エピソード』には各種の体験が語られている。中国に限らず外国を旅行し滞在することは、その国を理解することにつながる意義ある活動である。日本人の中国訪問は昨年約二百五十万人と、減少したままであるが、訪日中国人は昨年七百三十五万人に達し、今年は更に増加が見込まれている。

方々で「爆買い」と報じられるが、私は「爆体験」と捉えている。自らの目で見て、自ら体験することによって日本への理解が進む。対応する日本人にとっても中国を理解する一助となる。旅行もその受け入れも相互理解促進に役立つ公共外交の大きな柱である。

世界には約二百の国家があり、約三千三百の民族がいる。歴史・文化・思想・体制は異なり、国益がぶつかり合う。外国は異国である以上、対立が生じるのはごく普

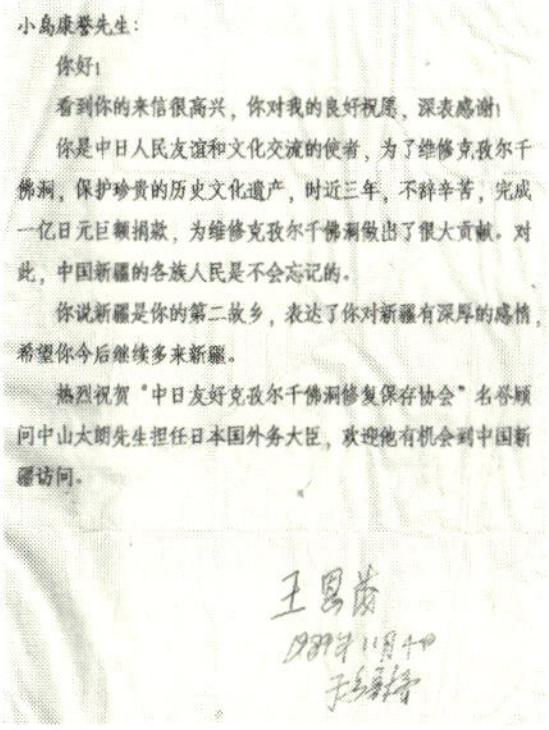

小島康誉先生：

你好！

看到你的来信很高兴，你对我的良好祝愿，深表感谢！

你是中日人民友谊和文化交流的使者，为了维修克孜尔千佛洞，保护珍贵的历史文化遗产，时近三年，不辞辛苦，完成一亿日元巨额捐款，为维修克孜尔千佛洞做出了很大贡献。对此，中国新疆的各族人民是不会忘记的。

你说新疆是你的第二故乡，表达了你对新疆有深厚的感情，希望你今后继续多来新疆。

热烈祝贺“中日友好克孜尔千佛洞修复保存协会”名誉顾问中山太朗先生担任日本国外务大臣，欢迎他有机会到中国新疆访问。

王恩茂

王恩茂中国政治協商会議副主席からキジル千仏洞修復活動への礼状

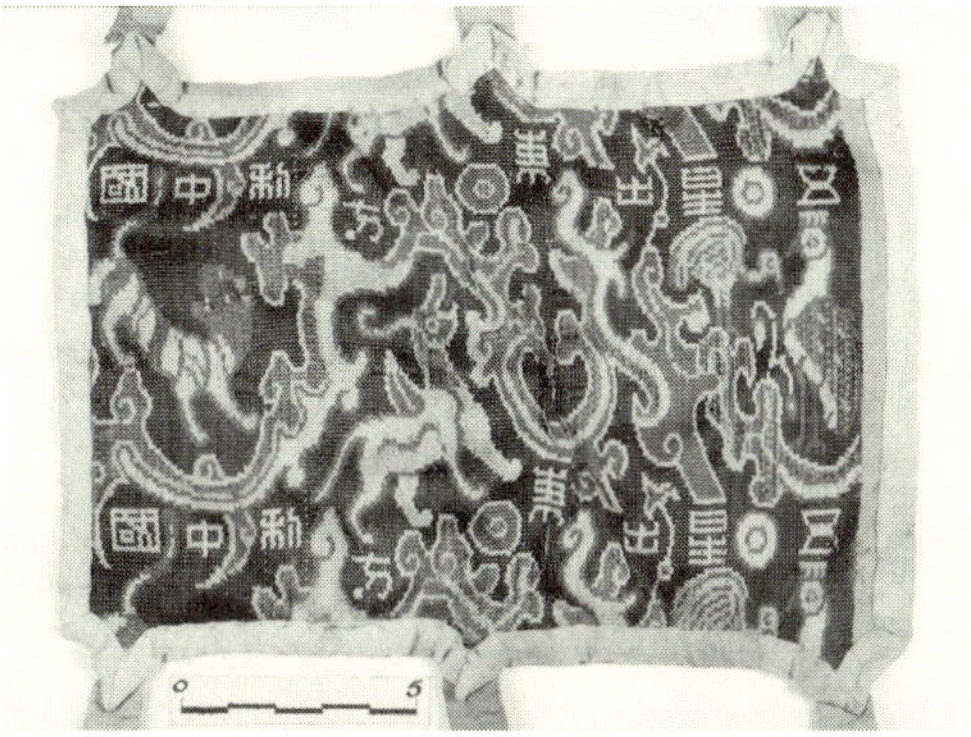

日中共同隊がニヤ遺跡で発掘した「五星出東方利中国」錦

通のことである。二十一世紀は国際協力の世紀でもある。対立しながら協調しあう時代である。日中両国民が相手国をより理解するために「旅華・中国滞在」「旅日・日本滞在」がさらに増大することを願う一人である。

この機会に私の「旅華」活動を紹介させていただきたい。一九八二年以来、中国新疆ウイグル自治区を百五十回以上訪問し、文部科学省・中国国家文物局・新疆ウイグル自治区人民政府・新疆ウイグル自治区文化庁・新疆ウイグル自治区文物局・新疆ウイグル自治区檔案局・新疆文物考古研究所・ウルムチ市人民政府・新疆大学・佛教大学の絶大なご指導ご協力を得て、また龍谷大学・京都造形芸術大学・科学技術庁・国立歴史民俗博物館・関西大学・関西外国語大学・京都大学・早稲田大学・国学院大学・京都市埋蔵文化財研究所・大阪市文化財協会・奈良国立文化財研究所・橿原考古学研究所・長岡京市埋蔵文化財センター・六甲山麓遺跡調査会・古代オリエント博物館・ジェック・山口大学・奈良女子大学・大手前大学・国士館大学・岡墨光堂・六法美術・アートプリザヴェーションサービス・奈良大学・新疆博物館・和田文物局・トルファン文物局・北京大学・中国社会科学院・

中国科学院・華東師範大学・中国石油東方公司などからの参加も得て、新疆に残る世界的文化遺産の調査・保護・研究、さらには人材育成事業などを実践してきた。関係者諸氏に心からの感謝を表したい。

活動の一例を示せば、キジル千仏洞修復保存・ニヤ遺跡調査・ダンダンウイリク遺跡調査・同壁画保護・中国歴史文化遺産保護網運営・歴史檔案史料刊行・新疆大学奨学金提供・新疆文化文物優秀賞提供・希望小学校建設・児童育英金提供・各種代表団派遣・招聘・各種仲介・各種寄付などである。これらは「一帯一路」での国際協力であり、「一帯一路」の歴史交流の一端を明らかにしてきた。

新疆ウイグル自治区人民政府は二〇〇一年に「小島康誉氏来訪二十周年記念大会」、二〇一一年に「小島康誉氏来訪三十周年記念大会」を開催した。国家文物局機関紙「中国文物報」は一頁特集を組み、ニヤ・ダンダンウイリク両遺跡の調査保護研究事業を「中国外国間共同事業と学問交流の模範例」「多領域学問で西域考古の合作研究と保護を実施」「中国外国学者の共同努力の傑出事業」などと最大級の評価で報道した。また同報は「小島康誉：新疆に全人生を投入する感動的日本人」と一頁近い大型記事を掲載。このほか人民日報・新疆日報・NHKなど日中両国の新聞やテレビで度々報じられた。光栄なことである。

修復保存に取り組んだキジル千仏洞は二十八年後の二〇一四年世界文化遺産となり、日中共同で展開したニヤ調査では開始から七年後に中国の国宝中の国宝ともいわれる「五星出東方利中国」錦を発掘し、ダンダンウイリク調査では焼損した奈良法隆寺金堂「鉄線描」壁画の源流の実物資料ともいわれる「屈鉄線」壁画「西域のモナリザ」などを発掘・保護し、それらの成果を報告書や佛教大学・ウルムチ環球賓館・北京大学での国際シンポジウムで公開した。研究保護した文物は東京・京都・大阪・神戸・岡山やウルムチ・北京・上海・杭州・香港・台北をはじめイタリア・アメリカ・韓国などでの文物展へ出陳されるほどの水準であった。更には奨学金など提供が六千人余に及び、博物館建設・農業用井戸掘削・街路灯設置……などを行ったが、それらへの評価であろう。

昨年十月にはNHK「シルクロード・壁画の道をゆく」が放映された。法隆寺・敦煌・キジル千仏洞の壁画の関連性を特集したものである。キジル千仏洞の部分は私が新疆側と仲介し出演もした。それらの写真などを活用し東京芸術大学は、ドイツ隊が殆どの壁画を持ち去ったキジル第二一二窟を復元した特別展「素心伝心」を開催した。番組は昨年十二月と今年一月にも再放送され、また三十分版も放送されるなど人気を博した。新疆への理解が促進されたものと思う。NHKのオンデマンドで視聴できる。

今年一月には中国天津テレビ「泊客中国」が私の特集番組「大愛無疆」「五星出東方利中国」「西域蒙娜麗莎」三本を放映した。中国で活躍する外国人にスポットをあてた長寿番組であるが、一人三本は初と聞かされた。光栄なことである。CCTVのWeb「央視網」でも視聴できるので、ご覧いただければ幸いである。

今年五月、中国の総理として七年ぶりに訪日した李克強総理を歓迎するレセプションが十日、日経連などが主催し東京で開催された。千三百人（主催者発表）の一人として私も出席した。安倍晋三首相は「競争から協調へ。政治家だけでなく民間の方々の努力で次の四十年に向けて協調してゆこう。次の中国訪問には皆さんにも同行いただきたい。交流して実際の姿を見ることが大切」と述べられ、李克強総理は「昨日は突っ込んだ具体的話し合いをし、沢山の調印をした。両国の指導者が定期的に往来することは関係発展に良い環境を作り出す。将来を見据え勇気と知恵で中日関係を発展させることができる」などとスピーチされた。前日の首脳会談が順調であったこともあり、笑いと拍手が度々起こる和やかな雰囲気であった。ここ数年の厳しさは全く感じられなかった。

五月末には人民日報のWeb人民網から「改革開放四十周年」特集として取材を受けた。これは段夫妻の紹介である。事前に質問書が届いた。それらの質問と私が答えたことは次のとおりである。少々長くなるが私の第二の故郷・新疆ウイグル自治区や国際協力の一例を知っていただくためにも紹介したい。

①一九八二年以来、度々新疆を訪問されているが、新疆のどんなところに惹かれましたか。

㊟人々の温かい人情と豊富な文化遺産。

②ニヤ遺跡調査研究は先生がなされた最大の成果のひとつですが、調査開始前に必ず大きな成果が得られると確信がありましたか。先生が主導した調査でどんな発見が最も価値あるとお考えですか。どのような困難を克服してきたのでしょう。

㊟漢代の西域三十六国のひとつ「精絶国」であるので、大発見があるのではと考えていた。「五星出東方利中国」錦の発見ばかりが注目されるが、日中共同隊は「精絶国」の全容を明らかにした。無人の沙漠での調査であるので、到達するのも大変だし、大量の調査器材や食料も運び込まねばならない多領域の調査のため、多くの研究機関に参加してもらったので、その調整も大変であった。あわせて九回の現地調査、最大時は日中約六十人が三週間調査を行い、多額の調査資金には苦労した。報告書三巻の出版や国際シンポジウムを度々開催したことでも日中双方は苦労した。

③先生は中日両国で数えきれない賞を獲得されていますが、最も嬉しい賞はなんですか。

㊟賞は嬉しいが結果にすぎない。個人が獲得したわけでなく、皆の活動が評価されたもの。

④現代の阿倍仲麻呂と呼ばれていますが、先生の活動で中日両国の距離を縮めました。今後の計画はありますか。

㊟譬えられるのは恥ずかしい。天と地の差がある。一庶民として相互理解を少しでも促進できたなら嬉しい。今年はニヤ調査三十周年であるので、写真・資料中心の活動記録集『中国新疆36年国際協力実録』（仮題）・日・中・英文・A４・オールカラー・二七〇頁）を十月出版。佛教大学四条センターで市民対象の私をふくむ日中双方専門家による連続講座「シルクロード：美の道・壁画の道」と同写真展開催（十一～来年二月）。中国側は新疆博物館で文物展開催（九月から数カ月）など。以上は今年三月に新疆文物局で王衛東局長らと合意した項目である。それとは別にアクス地区に農業用井戸掘削と改革開放四十周年を記念して写真集『邁進新時代』（仮題）出版も予定している。

⑤今年は中国の改革開放四十周年に当たります。自身の経験から中国の改革開放についてどのように考えていますか。

㊟改革開放で大発展した。今後も改革開放で超大国になっていくであろう。

⑥中国で経験した感慨深い出来事があれば教えてください。

㊟ウルムチでタクシーに乗った時、運転手が「小島先生ですか」と尋ねた。同行の新疆日報記者が「そうだ」と答えた。降りるとき運賃は要らないと。何故と尋ねると「妹が新疆大学で奨学金をもらって、本当に助か

ったから」と。

取材の一環でショートビデオも撮影された。記事も一分動画も日本語と中国語で発信されている。「人民網 小島康誉」で検索いただければ幸いである。

二〇一四年十一月七日、私は中国・北京の釣魚台国賓館で第十一回「北京フォーラム」開会式に参加していた。同日未明、同じ国賓館で二年余りにわたり緊張関係が続いている日中関係を打開すべく「双方認識四項目」が調印された。十日、安倍晋三首相と習近平国家主席が会談し、関係改善が動き出した。両首脳は以降も度々会談し、改善を加速させてきた。

私はこの三十六年間、「大愛無疆」精神で各種活動を通じて相互理解促進に取り組んできた。しかし相互理解は難しい。困難であるからこそ相互理解促進の努力が必要である。二十数年前「人民日報」に取材された際もそのように答えている。

人民日报（海外版）　1995年5月27日　星期六

大道无形相
——访日本友人小岛康誉
本报记者　郑　兴　王连伟

5月22日，全国人大环境与资源保护委员会首次向一位外国人颁发了独特的荣誉证书，以感谢他在研究保护中国尼雅遗址生态环境方面作出的贡献。王丙乾副委员长专门接见了他，他就是日本友人小岛康誉。

尼雅，位于新疆塔克拉玛干沙漠腹地，与楼兰一样，都曾是中国古代丝绸之路上的王国，《汉书》上称其为“精绝国”。不知何时，由于何种原因它消失了，给后人留下了无数个千古之谜。而小岛是日本鹤龟株式会社的社长、一个珠宝商人，两者之间是如何产生联系的呢？当我们采访小岛时，首先就向他提出了这个问题。

“其实，还是从宝石开始的。”小岛告诉我们说来话长。

1982年5月，小岛为了寻找宝石来到新疆，但是生意没有做成。邀请他的新疆工艺品公司觉得过意不去，便带他去游览克孜尔千佛洞。参观回来的路上，陪同人员开玩笑说，小岛如果肯出10万元人民币，可以做出一个他专用的洞窟来。小岛当下干脆地回答：“明白了，破损得太严重了。我出10万元，用来修复和保护洞窟吧！”后来，他与新疆文化厅交换了简单的文书，并在回国后立即无条件地把10万元汇了过来。“一句玩笑话，成了我与新疆结缘的契机。”几年前，小岛提出要为新疆最富魅力的古代遗址提供考察和保护经费。经过对几十处大漠古城的精心筛选，最后确定了尼雅遗址。

尼雅遗址，被称为“丝绸之路的庞培城”、“梦幻的古代城市”，是塔克拉玛干大漠中残留的最大遗址。迄今，由小岛出资组建的中日考察队共对尼雅进行了6次实地调查。小岛作为日方队长，先后参加了5次。考察队员林永健向我们介绍说，小岛一呆就是个把月，对于昼夜温差达40摄氏度，因严重缺水不能洗脸，只能用沙子洗碗，这种非常人所能想象的生活，安之若素。

小岛说，这些年他个人的收入全部都投进了尼雅考察中，家里的生活费全靠夫人一人的收入维持。他在日本每天挤地铁上下班，从不舍得乱花一个钱。但这也还不够，他夫人便将自己的高尔夫会员证卖掉来支持他。这些年，他差不多投了一亿日元，有时还要向银行贷款。

也许是被小岛的赤诚感动了吧，去年，中国国家文物局发出了在中国境内对外国人的第一号发掘许可，对尼雅遗址的考察正式开始了。作为专家，考察队员孙跃新博士说，这表明肯定了尼雅考察的历史意义。在丝绸之路的遗址中，尼雅因为远离大漠边缘，受到的人为破坏较少，所以它的学术价值会高于其它地方。

尼雅的再发现在世界上引起了反响。去年4月，在日本佛教大学设立了“中国新疆尼雅遗迹学术研究机构”，日本原首相海部俊树和中国国家文物局长张德勤担任名誉会长，小岛为代表之一。

据说，至少还要10年才能完成对尼雅遗址的考察。我们问小岛，他还会继续支持这一事业吗？他肯定地点点头，并告诉我们，今年的考察将在10月份进行。他说：“我的前半生是为创建公司而奔波，后半生我的精力要投在中国的文物保护上。”

其实，小岛为中国做的，不仅仅这一件事。

他创立了“中日友好克孜尔千佛洞保护协会”，募捐1亿日元；他的公司每年向新疆大学提供200万日元奖学金，还每年为25名在日中国留学生提供奖学金；他还创立了“中国文物保护基金会小岛康誉奖学金”，每年提供430万日元，资助两名中国研究人员赴日研修；作为新疆政府文化顾问，他还四处奔走，为新疆的建设献计出力：他促成了日本伊藤忠商事驻乌鲁木齐办事处的设立，他在为新疆找到日本的友好对口地区牵线搭桥等等。

这样做他并非有所求。按小岛的原话：“我只是热爱新疆，热爱灿烂辉煌的中华文化。”这是一种奉献。作为佛教僧侣，他觉悟着“真空无人我，大道无形相”的真谛。小岛说：“现在日中友好该进人第二个时代了，就是‘日中相互理解、日中共同合作’的时代。”他正在身体力行之。他的身上仿佛重现出当年阿倍仲麻吕的影子。

告别之际，我们和小岛约定，当尼雅考察有了新的成果时，我们一定再访他。

1995年5月27日「人民日報」に掲載された取材記事

記事後半をご覧いただきたい。私は今後も「使命」として老残微力を捧げ、灰はタクラマカン沙漠へ撒く。

両国首脳の関係改善意欲に沿い、両国民の相互理解を進めるために、日本人が中国で相互理解促進を実践している事例、中国人が日本で相互理解促進に奮戦している事例を主題とした、相互理解促進委員会や国際シンポジウム・写真展などを提案し、筆をおく。

日本僑報社の『忘れられない中国滞在エピソード』はその意味からも重要な役割を果たすであろう。

三拝

小島康誉（こじま やすたか）

一九四二年名古屋生まれ。佛教大学卒業。浄土宗僧侶。一九六六年宝石の鶴亀（現 As-me エステール）を創業し、一九九六年創業三十周年を機に社長退任。一九八二年以来、新疆訪問は百五十回以上を数え、経済、文化、文化財、教育、貧困改善、檔案など多方面で百以上の国際協力活動を実践。株式会社ツルカメコーポレーション社長、佛教大学客員教授を歴任し、現在は佛教大学内ニヤ遺跡学術研究機構代表、日中共同ニヤ遺跡・ダンダンウイリク遺跡学術調査日本側隊長、新疆ウイグル自治区政府文化顧問、ウルムチ市名誉市民、新疆大学名誉教授、中国歴史文化遺産保護網理事長などを務めている。日本僑報社刊の主な編著書に『迷路悟道』『新疆世界文化遺産図鑑』など。

新疆大学小島奨学金獲得者らと

私の中国滞在記
——日本の敗戦から朝鮮戦争まで

日中翻訳学院顧問　武吉　次朗

私は、日本の敗戦をハルビンで迎え、一家そろって中国に残り、一九五八年に帰国した後は、日本国際貿易促進協会事務局で日中貿易に二十七年間携わり、その後は摂南大学で中国語と現代中国論を教え、七十歳の定年後は社会人に翻訳を教えるなど、生涯を中国との関わりで過ごしてきた。今日はその内、八路軍に参加した一九四六年から朝鮮戦争までの期間にしぼって、体験したことを書いてみたい。

中国・東北に進駐した八路軍は、国共内戦必至と判断して、引き揚げ直前の日本人の中から、医師・看護師、工業技術者・鉄道技術者・航空学校教員など一万数千人、家族をふくめると二万数千人を「留用」（留めて任用）した。私の一家は電気技術者の姉婿が「留用」になったので、そろって残った。

一九四六年秋、黒竜江省密山市に、日本人の工業技術者二百人あまりが各地から集結し、丘の上に建つ旧関東軍施設を、八路軍（当時の名称は東北民主連軍）の兵器工場にする仕事に携わった。家族の小学生は中国の学校で引き続き学べたが、中学二年生だった私は働くことになり、鋳造職場に配属された。最初の仕事は、麓の関東軍将校宿舎のペチカを壊し、取り出した耐火煉瓦をモッコでかつぎ上げて、鉄を溶かすキューポラを造ることだった。「留用」された日本人技術者や熟練工たちは、早く帰国したい一心だったけれども、持ち前の「職人魂」から、与えられた仕事は決して怠けず手抜きせず、創意工夫しながら遂行して、中国側に評価された。

その後、わが家を含む一部の日本人が駝腰子という砂金鉱山に転属となった。ここでの最初の仕事は、山に入って坑木用のポプラを伐採する「きこり」だった。零下三十度の中、腰まで雪につかりながら二人でのこぎりを引く力仕事で、成長期だった私は鍛えられ、腺病質だったのが見違えるほど丈夫になったが、両親と姉は相次ぎ倒れた。十六歳でひとりぼっちになった私は、金鉱で働く中国人の中に飛び込み、起居を共にしながら、機械修理の旋盤工や倉庫管理員などを務める中で、中国語を日常会話から習得していった。ハルビン中学で「注音字母」を習っていたのが、発音を聞き分ける上でほんとうに役立った。

一九四九年夏、金鉱局長に呼ばれ、「君は今日から幹部だ」と言い渡された。「幹部」とは「事務職員」のことで、要するに現場からオフィスに移ったわけだ。その場で「中山装」という制服（日本では「人民服」と呼ばれる）と、小銃が支給された。金鉱を強盗たちから守るために、警備大隊が駐屯したほか、幹部も銃を持ったのだが、非力な私は「三八銃」でなく、銃身の短い「九九式騎兵銃」を選んだ。匪賊は数年前に全滅していたが、原因不明の山火事が起きたりして、そのたび銃をかついで現場へ急行した。

新しい配属先は統計係で、電卓などなかった時代、そろばん片手に計算に励んだ。

ここで、当時の衣食住を振りかえってみたい。

「衣」　兵器工場で最初に支給されたのは、火薬で染めたダブダブの軍服で、たき火の火の粉が飛んでくると布地に焼け広がり、春先には綿だけになった。伐採のとき履いた靴は「烏拉鞋」といって、豚皮を丸めた中に「ウラ草」という草を敷いたもので、なれないうちは履いていると草が偏り、凍傷寸前になった。夏は自分で編んだわらじを履いた。一九五〇年に瀋陽へ行ってから、初めて革靴を買った。貴重品だった靴下は、新品を支給されたら「あて木」に履かせて、底と「かかと」に当て布を縫い付けた。

「食」　主食はもっぱらとうもろこし（ひき割や粉など、いろいろな食べ方があった）、コーリャン、あわなどの雑穀で、一日六百グラムだから量は十分足りた。毎週土曜日の昼食だけ「生活改善」と称して、米飯か小麦粉のマントウが出るのが楽しみだった。

「住」　金鉱ではずらっと十人ほどが並んで寝るオンドル暮らしで、瀋陽に行って初めてベッドに寝た。

当時の身分は「半供給制」といって、食事と宿舎が無料、夏服と綿入れが毎年支給されるほか、わずかな手当が付き、下着や日用品を買っていた。たまには近くの食堂へ行き、うどんを食べるのが楽しみだった。

日中翻訳学院「武吉塾」次世代の講師たちとともに

東北は工業が全国で最も発達している上、全域解放が早かったので、一九五三年からの全国的な第一次五カ年計画に先駆け、一九五一～五二年に復興計画を立案・実施して経験を積むことになり、まず稼働中の全設備をすべて調べることが決まった。これにともない、私に与えられた仕事は、金鉱坑内にあるモーターやポンプなどの設備の仕様（馬力・メーカー・製造年など）を書き取ることで、点在している立坑に入って調べまくった。そして、その分厚い資料と算盤を持って、局長にお供して瀋陽にある東北有色（非鉄）金属管理局へ三カ月ほど出張した。一九五〇年夏のことだった。

折しも六月二十五日に朝鮮戦争が勃発していた。当初は北朝鮮軍が有利だったが、九月に戦局が一転、米軍がひたひたと中朝国境へ迫る中、新中国最初の国慶節を迎えた。各工業管理局の職員たちは、広場で開かれた祝賀行事に参加するため早朝から整列し、私たち地方の鉱山から出張した者たちも加わった。まず解放軍部隊の観閲式があり、完全装備の一個師団が緊迫した面持ちで行進してきた。あの高揚した雰囲気は、今も忘れられない。彼らはそのまま朝鮮国境へ行き、月末には米軍との戦闘に身を投じたと聞く。

十月十二日に突然、緊急命令が出た。朝鮮の戦局が厳しいので、予定していた復興計画策定の作業はすべて中止となり、出張者はただちに鉱山へもどれ、という。急なことなので、列車の指定席などとれるわけもない。私は当日深夜の急行に飛び乗り、洗面台の床に座り込んで、飲まず食わず、二十四時間かけて駝腰子にもどった。瀋陽の管理局に勤務していた三十人ほどの日本人専門家は、家族ぐるみで各鉱山に疎開した。

中国義勇軍の参戦により戦局が好転し、翌五一年の春ごろには、疎開していた日本人専門家たちがすべて瀋陽にもどり、瀋陽はふたたび落ち着いた雰囲気の町になったという。突然の緊急命令も、翌春の旧態復帰も、それぞれ当時の東北の共産党トップによる判断だったのだろう。五一年秋には、私にも瀋陽の管理局への転勤命令が出た。

ここからは、私の認識の変化とその理由について、書いてみたい。

一九四七年春、中国共産党の本拠地だった延安が国民党軍に占拠されたと聞いたとき、「留用」された日本人は一様に「もうおしまいだ、われわれはシベリアまで追いやられるのだろう」と悲観したものだ。ところが共産党の幹部は「心配ない、国民党軍が持っている米国製兵器をわれわれが奪って、やがて全国を解放するのだ」と言う。まるで夢物語を聞いているようだったが、果たせるかな、翌年の秋には全東北が解放され、その一年後には中華人民共和国が建国した。「なんで予言が的中したのか？」ひとつ中国共産党の主張を勉強してみよう、という気運が、日本人の間に出てきた。

考え方が変わりはじめた決め手は、上司たち共産党幹部の人間性がすばらしかったことだった。「人民に奉仕する」というのはお題目ではなく、幹部たちの毎日の言動そのものだった。当時は何かの記念日ごとに、「壁新聞」といって感想や決意を便せんに書いて張り出したものだが、ある上司は私がまずい中国語で書いたものを仕事の余暇に毎回丁寧に添削した上、なぜそうしたかを説明してくれた。

私は一度、中国人同僚と些細なことから口論し、「日本鬼子」と言われてカッとなり、相手を殴ったことがある。てっきり厳しく批判され処罰されると謹慎していたが、「君は修養が足りないね」だけでお咎めなし。逆に私が殴った同僚は、「武吉は『日本鬼子』ではなく、われわれの友人であり同志なのだ」と懇々と諭されたようで、すぐ私のところへ来て、逆にあやまられた。解放軍にいた友人の場合は、上司がみんなの前で「殴るのはよくない」と批判した後、本人だけ呼んで「部下に対する私の教育が足りなかったから、君に不愉快な思いをさせて申し訳ない」と謝ったそうだ。

厳しく批判されたことも少なくない。トランプで負けたら顔に墨を塗る「賭けごと」が見つかったときは、「墨がカネに変わる前にやめなさい」と厳しく言われた。十六歳で両親をつづけて失い、やけになりかけた時もあったが、上司たちに励まされ導かれて、なんとか生きぬいてきた。

中国は、八年にわたる抗日戦争につづき、解放戦争が三年にわたり、ようやく建国したとたん、三年におよぶ朝鮮戦争に巻き込まれた。そんな厳しい状況下ではあったが、インフレが収まり、消費物資がどんどん豊富に出回り、生活が年々改善されていった。中国人民が共産党を擁護し毛沢東に従ったのは、「暮らしを良くしてくれる」ことへの感謝と期待、そして幹部の「人民に奉仕する」ふるまいへの信頼、この二点があったからだと、つくづく感じる。

今にして思えば、あのころは、中国共産党がいちばん輝いていた時期だった。私を導いてくれた幹部たちの温容は、六十年以上たった今でも忘れられない。

武吉 次朗（たけよし じろう）
一九三二年生まれ。一九五八年中国から帰国。日本国際貿易促進協会事務局勤務。一九八〇年同協会常務理事。一九九〇年摂南大学國際言語文化学部教授。二〇〇三年退職。二〇〇八年より日中翻訳学院にて中文和訳講座「武吉塾」を主宰。主な訳書・著書（小社刊）に『新中国に貢献した日本人たち』二〇〇三年、『続・新中国に貢献した日本人たち』二〇〇五年、『日中中日翻訳必携』シリーズ二〇〇七年～。

あとがき——謝辞に代えて

日本僑報社代表　段　躍中

　日本僑報社は、日中平和友好条約締結四十周年にあたる二〇一八年、これを記念して、中国に滞在したことのある日本人を対象とした第一回「忘れられない中国滞在エピソード」コンクールを開催しました。

　一九七二年の日中国交正常化以降、とくに七九年に両国政府が留学生の相互派遣で合意してから、二〇一七年までに中国は累計約二十三万人の日本人留学生を受け入れており、来日した中国人留学生は累計百万人を超えています。

　また、中国に在留する日本人は二〇一七年に十二万四千人余り（外務省）おり、米国に在留する四十二万六千人余りに次いで多くの日本人が暮らしています。

　こうした日本人の留学生やビジネスパーソン、外交官、行政・教育・文化・スポーツ・科学技術の関係者、駐在員家族、国際結婚をされた方、短期旅行者などといった幅広い分野や立場の中国滞在経験者一人ひとりが必ず持っているだろう「忘れられない中国滞在エピソード」を幅広く募集しました。これは二〇一七年に弊社が開催し、好評を博した「忘れられない中国留学エピソード」の拡大版でもあります。

　今回の応募総数は百二十五本と、前年の「中国留学エピソード」（九十三本）を大きく上回りました。

応募者の分布は、国・地域別では北海道から九州まで日本各地にわたったほか、国外では中国からの応募も多数ありました。

入選作は、厳正な審査の上で平和友好条約四十周年に合わせて原則として四十作品とし、そのうち最優秀賞の中国大使賞（一名・作品）、一等賞（五名）、二等賞（十名）、三等賞（二十四名）のほか、佳作賞（若干名）を選出しました。

いずれも、かけがえのない中国滞在体験に基づいた力作、秀作ぞろいで甲乙つけがたく、選考にあたっては主催者側の審査員も大いに頭を悩ませました。その中でも上位に選ばれた作品は、（一）「忘れられない中国滞在エピソード」というタイトルにふさわしく、具体的かつ印象的なエピソードが記されていた（二）テーマ性、メッセージ性がはっきりしていた（三）貴重な中国滞在体験を綴り、読者に勇気や希望、感動を与えてくれた（四）これからの日中関係にプラスになるような提言があった――などの点が高く評価されました。

これらは経験者以外あまり知られていない中国滞在中の悲喜こもごもや国境を超えた心のふれあい、中国の奥深い魅力、そして不幸な歴史の記憶への共感などを伝える貴重な記録の数々です。これをより多くの方々、特に若い世代の皆さんに伝えたいと思い、一冊の作品集としてまとめて小社から刊行する運びとなりました。

※開催概要は、付録（募集要項、応募集計結果、受賞者一覧）をご参照ください。

駐日中国大使館には前年に引き続きご後援をいただいたほか、最優秀賞「中国大使賞」の新設に対し、程永華大使をはじめとする大使館の関係各位の多大なるご理解とご支援をいただきました。また、入賞者の表彰式および出版記念会を駐日中国大使館で開催させていただき、心より感謝申し上げます。

福田康夫元首相にも、前年に引き続き本作品集に温かな「推薦の言葉」をお寄せいただきました。ここに厚く御礼を申し上げます。

伊佐進一衆議院議員、小島康誉新疆ウイグル自治区政府文化顧問・（公社）日本中国友好協会参与、武吉次朗日中翻訳学院顧問は大変お忙しい中、ご寄稿くださいました。心より御礼を申し上げます。

ご後援をいただいた、公益財団法人日中友好会館、一般財団法人日本中国文化交流協会、公益社団法人日本中国友好協会、日本国際貿易促進協会、一般財団法人日中経済協会、日中友好議員連盟、一般社団法人日中協会（順不同）の日中友好七団体、そして中国日本商会の皆様にも、深く感謝を申し上げます。各団体の皆様には、それぞれの機関紙（誌）、会報、ホームページなどの媒体を通じて、本コンクールの開催を広く告知し、大きく盛り上げていただきました。

マスコミ各社のご協力にも厚く御礼を申し上げます。本活動については日本の「読売新聞」「公募ガイド」「公明新聞」などの全国紙（誌）、「レコードチャイナ」などの中国情報サイト、また中国の「人民日報」のニュースサイト「人民網」ほかを通じて、多数ご紹介いただきました。本当にありがとうございました。

最後になりますが、ご応募くださった皆様には重ねて御礼を申し上げます。募集を始めてから、予想以上に多くの問い合わせをいただきました。短期募集であったため「今年は間に合わなかったが、来年は応募したい」という方のほか、「思い出がたくさんありすぎて（規定の文字数では）まとまらない」「滞在経験者の集いに参加したい」など……。そうした様々な声からは、中国への関心の高さや中国滞在の思い出の深さ、滞在経験者への温かな共感をうかがうことができました。

そして今回もたくさんのご応募をいただき、主催者側は率直かつ深い思いが込められた、また前向きで建設的な意見が綴られたそれぞれの滞在エピソードに深くうなずき、感動を覚えるとともに励まされる思いがしました。

本書に描かれた様々なエピソードからもわかる通り、実際に中国を訪れ、ありのままの中国を見たり、現地の人々と真の交流を深めたりした人たちは「中国に対する印象が変わった」ことを明確に伝えています。こうした貴重な等身大の体験談が綴られた本書『忘れられない中国滞在エピソード』を、ぜひ多くの方にお読みいただければと思います。そして読者の皆様が、本書を通じて中国により深く関心を持ち、実際に中国を訪れてくださることを期待してやみません。

日本と中国の関係においては、二〇一七年の国交正常化四十五周年、二〇一八年の平和友好条約四十周年の好機を生かして、一層の関係改善を図ろうとする気運が高まっています。

こうした中で、本事業が微力ながら日中両国の相互理解と文化交流、人的交流の促進に役立つものとなることを願ってやみません。まだまだ至らぬ点もありますが、さらなる努力を重ねて目標を実現してまいりたいと存じます。引き続きご支援、ご協力のほどよろしくお願い申し上げます。

二〇一八年十一月吉日

付録①

募集要項

内　容　**忘れられない中国滞在エピソード**
中国滞在時の貴重な思い出、帰国後の中国とのかかわり、近況報告、中国の魅力、今後の日中関係への提言など。中国滞在の忘れられない思い出に触れつつも、テーマ性を明確にしてください。

主　催　日本僑報社

後　援　中華人民共和国駐日本国大使館
（公財）日中友好会館、（一財）日中文化交流協会、（公社）日中友好協会、日本国際貿易促進協会、（一財）日中経済協会、日中友好議員連盟、（一社）日中協会、中国日本商会（順不同）

対　象　中国滞在経験のある日本人
（期間は問わず、現滞在者も可）

文字数　本文（3000字）＋略歴（200字）

入賞数　40名（作品）＋佳作賞
入選作品から、最優秀賞・中国大使賞1名、一等賞5名、二等賞10名、三等賞24名、佳作賞若干名を選出。

特　典　入選作品は単行本として日本僑報社から刊行。
表彰式と出版記念会を開催。

副　賞　最優秀賞・中国大使賞……賞金10万円
一等賞……3万円相当の書籍（日本僑報社刊）
二等賞……2万円相当の書籍（同）
三等賞……1万円相当の書籍（同）
佳作賞……2千円相当の書籍（同）

応募期間　2018年6月1日㈮～6月30日㈯

入選発表　2018年8月29日㈬

※募集要項の詳細は http://duan.jp/cn/2018.htm を参照。

付録②

応募集計結果

今回の応募期間は、２０１８年6月1日から30日までの1カ月間。

集計の結果、日中両国各地からの応募総数は１２５本。前年の「中国留学エピソード」（93本）を大きく上回った。

男女別では男性78人、女性47人。年代別では10代から80代までと幅広い年齢層に及んだ。世代別で最も多かったのは20代の31人だった。

国・地域別では北海道から九州まで日本各地にわたったほか、国外では中国からの応募もあった。

応募者数の日本国内・地域別のトップ5は、東京都（37人）、神奈川県（13人）、千葉県（7人）、兵庫県（7人）、埼玉県（6人）。以下、愛知県、茨城県、大阪府、京都府、静岡県、福岡県などが続き、全都道府県の約半数に当たる24都道府県にわたった。応募時点で中国在住の日本人からは18人の応募があった（応募者の国・地域については、本人より申請された住所によった）。

「中国滞在エピソード」応募者統計

応募総数…………１２５本

男女別　男性……78人
　　　　女性……47人

年齢別　10代……2人
　　　　20代……31人
　　　　30代……12人
　　　　40代……20人
　　　　50代……9人
　　　　60代……20人
　　　　70代……22人
　　　　80代……9人

国・地域別（執筆時）
　日本……１０７人
　中国……18人

付録③ 第一回「忘れられない中国滞在エピソード」受賞者一覧

最優秀賞・日本大使賞（1名）

原　麻由美（中国北京市、清華大学留学生）

一等賞（5名）

中関　令美（東京都、慶應義塾大学三年生）
三本　美和（東京都、東京学芸大学四年生）
相曽　　圭（静岡県、浜松西高校一年生）
瀬野　清水（埼玉県、元重慶総領事）
田中　弘美（中国山東省、菏澤学院教師）

二等賞（10名）

浦井　智司（中国北京市、日本語教師）
青木　玲奈（千葉県、大学生）
浅井　　稔（東京都、会社員）
佐藤　彩乃（東京都、中華食堂勤務）
秋山ひな子（神奈川県、大学生）
大友　実香（千葉県、フリーランス翻訳者）
大岡　令奈（東京都、医師）
吉田　怜菜（東京都、大学生）
星出　遼平（神奈川県、大学生）
坂本　正次（千葉県、元高校教員）

三等賞（24名）

濱田美奈子（福岡県、アナウンサー）
石川　春花（愛知県、大学生）
長谷川玲奈（千葉県、会社員）
大石ひとみ（神奈川県、会社員）
佐藤　力哉（中国湖南省、日本語教師）
山本　勝巳（愛知県、団体職員）
臼井　裕之（京都府、編集者）
古田島和美（中国江蘇省、日本語教師）
中道　恵津（静岡県、団体役員）

須田　紫野（福岡県、大学生）
大北　美鈴（東京都、ドラッグストア勤務）
桑山　皓子（岡山県、日本語教師）
金井　　進（千葉県、元会社員）
浜咲みちる（佐賀県、日本語教師）
堀川　英嗣（中国山西省、教師）
小椋　　学（中国江蘇省、大学講師）
中瀬のり子（神奈川県、フリーランス・ライター）
岡沢　成俊（中国広東省、日本語教師）
佐藤　正子（埼玉県、非常勤日本語講師）
福田　裕一（中国浙江省、大学講師）
清﨑　莉左（東京都、大学院生）
牧野　宏子（神奈川県、大学講師）
浦道　雄大（神奈川県、大学生）
小林　謙太（東京都、大学生）

佳作賞

藤田　安彦	奥野　有造	金谷　祥枝
中島龍太郎	北川絵里奈	宮川　曉人
服部　哲也	菅　　未帆	西田　　聡
伴場小百合	荻堂あかね	小山　芳郎
村上　祥次	高橋　　豪	荒井　智晴

特別寄稿

伊佐　進一（衆議院議員）

特別掲載

小島　康誉（新疆ウイグル自治区政府文化顧問、
（公社）日本中国友好協会参与）

武吉　次朗（日中翻訳学院顧問）

※敬称略。居所と肩書きは本人の申請による。

付録④ 二〇一七年「忘れられない中国留学エピソード」受賞者一覧

一等賞（10名）

堀川　英嗣（中国山西省、太原師範学院）
五十木　正（東京都、北京大学）
中村　紀子（中国湖北省、北京外国語学院＝現・北京外国語大学）
小林　雄河（中国陝西省、陝西師範大学）
山本　勝巳（愛知県、中央戯劇学院）
髙久保　豊（埼玉県、北京大学）
岩佐　敬昭（東京都、北京大学）
西田　聡（中国北京市、北京語言大学）
市川　真也（東京都、北京大学）
宮川　咲（神奈川県、上海外国語大学）

二等賞（15名）

林　訵孝（東京都、四川大学）
千葉　明（米国ロサンゼルス、北京大学）
鶴田　惇（茨城県、北京林業大学）
林　斌（神奈川県、山西大学）
小林　美佳（埼玉県、上海外国語学院／北京大学／北京電影学院）
山口　真弓（埼玉県、首都師範大学）
伊坂　安由（東京都、重慶大学）
高橋　豪（東京都、北京大学）
吉田　咲紀（埼玉県、武漢大学／華中師範大学）
細井　靖（神奈川県、北京語言学院＝現・北京語言大学／北京大学）
浅野　泰之（中国浙江省、首都師範大学／中国美術学院）
宇田　幸代（東京都、北京師範大学／香港中文大学）
瀬野　清水（埼玉県、北京語言学院／遼寧大学）
田中　信子（中国遼寧省、渤海大学）
桑山　皓子（岡山県、上海交通大学）

三等賞（20名）

廣田　　智（東京都、北京語言学院）
岩本　公夫（大阪府、北京語言学院／陝西師範大学）
稲垣　里穂（岐阜県、華東師範大学／四川師範大学）
井上　正順（東京都、北京語言大学）
平藤　香織（神奈川県、北京師範大学／首都師範大学）
畠山絵里香（中国四川省、華東師範大学／四川師範大学）
矢部　秀一（東京都、北京語言学院）
吉永　英未（中国上海市、復旦大学）
平岡　正史（中国浙江省、浙江大学）
池之内美保（大阪府、北京外国語学院）
石川　博規（愛知県、清華大学）
井本　智恵（東京都、大連外国語学院＝現・大連外国語大学）
中根　　篤（東京都、華東師範大学）
宮脇　紗耶（広島県、西安交通大学／上海対外経貿大学）
遠藤　英湖（東京都、北京語言大学）
塚田　麻美（愛知県、新疆大学）
根岸　智代（大阪府、南京大学）
大上　忠幸（埼玉県、武漢大学）
小林　陽子（東京都、深圳大学）
坂井　華海（中国上海市、復旦大学）

特別寄稿

近藤　昭一（衆議院議員、北京語言大学）
西田　実仁（参議院議員、北京語言大学）

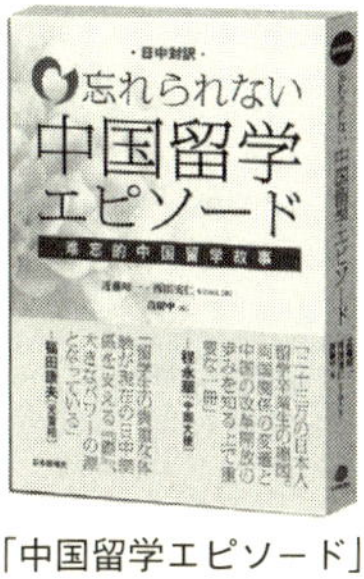

「中国留学エピソード」
受賞作品集

特別掲載

幾田　　宏（国際交流協会会員、雲南大学他）

※敬称略。括弧内は執筆時の居住地または肩書、留学先大学。

編者略歴

段 躍中（だん やくちゅう）

日本僑報社代表、日中交流研究所所長。

1958年中国湖南省生まれ。有力紙「中国青年報」記者・編集者などを経て、1991年に来日。2000年新潟大学大学院で博士号を取得。

1996年日本僑報社を創立。以来、書籍出版をはじめ、日中交流に尽力している。

2005年から日中作文コンクールを主催。2007年8月に「星期日漢語角」（日曜中国語サロン）、2008年9月に出版翻訳のプロを養成する日中翻訳学院を創設。

1999年と2009年の2度にわたり中国国務院の招待を受け、建国50周年・60周年の国慶節慶祝行事に参列。

2008年小島康誉国際貢献賞、倉石賞を受賞。2009年日本外務大臣表彰受賞。

北京大学客員研究員、湖南大学客員教授、立教大学特任研究員、日本経済大学特任教授などを兼任。

主な著書に『現代中国人の日本留学』『日本の中国語メディア研究』など多数。

詳細：http://my.duan.jp/

The Duan Press

心と心つないだ餃子
第1回「忘れられない中国滞在エピソード」受賞作品集

2018年12月19日　初版第1刷発行

著　者　伊佐進一・小島康誉など44人
編　者　段 躍中（だん やくちゅう）
発行者　段 景子
発売所　日本僑報社

〒171-0021 東京都豊島区西池袋3-17-15
TEL03-5956-2808　FAX03-5956-2809
info@duan.jp
http://jp.duan.jp
中国研究書店 http://duan.jp

　ISBN 978-4-86185-265-7

中国人の日本語作文コンクール

主催 日本僑報社
日中交流研究所

2018年12月発売

＼おかげさまで14周年／

「中国人の日本語作文コンクール」受賞作品集シリーズ

（2005〜2018年）

【第14回・最新刊】
中国の若者が見つけた日本の新しい魅力
2000円＋税　ISBN 978-4-86185-229-9

【第13回】日本人に伝えたい
中国の新しい魅力
ISBN 978-4-86185-252-7

【第12回】訪日中国人
「爆買い」以外にできること
ISBN 978-4-86185-229-9

【第11回】
なんでそうなるの？
ISBN 978-4-86185-208-4

── 中国若者たちの生の声 ──

中国人の日本語作文コンクールとは

日本僑報社・日中交流研究所が主催し、日本と中国の相互理解と文化交流の促進をめざして2005年にスタートした作文コンクール。中国で日本語を学ぶ、日本に留学経験のない学生を対象として2018年で第14回を迎えました。この14年で中国全土の300校を超える大学や大学院、専門学校などから、のべ4万1490名が応募。中国国内でも規模の大きい、知名度と権威性の高いコンクールへと成長を遂げています。作文は一つひとつが中国の若者たちのリアルな生の声であり、貴重な世論として両国の関心が集まっています。

←1回目の日本大使賞受賞者とともに。中央は宮本雄二大使（2008.12.10、北京の日本大使館にて）

マスコミも注目！授賞式が報道されました

クローズアップ現代
（第8回授賞式）

海外ネットワーク
（第9回授賞式）

詳細 ☞ **http://duan.jp/jp/** 日本語作文コンクール HP

日本僑報社好評既刊書籍

ご注文はhttp://duan.jp/

日中中日翻訳必携

武吉次朗 著

古川 裕（中国語教育学会会長・大阪大学教授）推薦のロングセラー。著者の四十年にわたる通訳・翻訳歴と講座主宰及び大学での教授の経験をまとめた労作。

四六判177頁 並製 定価1800円＋税
2007年刊 ISBN 978-4-86185-055-4

日中中日翻訳必携 実戦編

よりよい訳文のテクニック

武吉次朗 著

好評の日中翻訳学院「武吉塾」の授業内容が一冊に！
実戦的な翻訳のエッセンスを課題と訳例・講評で学ぶ。
『日中中日翻訳必携』姉妹編。

四六判177頁 並製 定価1800円＋税
2007年刊 ISBN 978-4-86185-160-5

日中中日翻訳必携 実戦編Ⅱ

脱・翻訳調を目指す訳文のコツ

武吉次朗 著

日中翻訳学院「武吉塾」の授業内容を凝縮した『実戦編』第二弾！
脱・翻訳調を目指す訳文のコツ、ワンランク上の訳文に仕上げるコツを全36回の課題と訳例・講評で学ぶ。

四六判192頁 並製 定価1800円＋税
2016年刊 ISBN 978-4-86185-211-4

日中中日翻訳必携 実戦編Ⅲ

美しい中国語の手紙の書き方・訳し方

千葉明 著

日中翻訳学院の武吉次朗先生が推薦する『実戦編』第三弾！
「尺牘」と呼ばれる中国語手紙の構造を分析して日本人向けに再構成し、テーマ別に役に立つフレーズを厳選。

A5判202頁 並製 定価1900円＋税
2017年刊 ISBN 978-4-86185-249-7

日中中日翻訳必携 実戦編Ⅳ

こなれた訳文に仕上げるコツ

好評シリーズ最新刊!!

武吉次朗 編著

「実践編」第四段！「解説編」「例文編」「体験談」の各項目に分かれて、編著者の豊かな知識と経験に裏打ちされた講評に加え、図書翻訳者としてデビューした受講者たちの率直な感想を伝える。

四六判176頁 並製 定価1800円＋税
2018年刊 ISBN 978-4-86185-259-6

『日本』って、どんな国？

—初の【日本語作文コンクール】世界大会—
101人の「入賞作文」

大森和夫・弘子 編著
（国際交流研究所）

初の日本語作文コンクール世界大会入選集。54カ国・地域の約5千編から優秀作101編を一挙掲載！
世界の日本語学習者による「日本再発見！」の作品集。

四六判240頁 並製 定価1900円＋税
2017年刊 ISBN 978-4-86185-248-0

中国人ブロガー22人の「ありのまま」体験記
来た！見た！感じた!! ナゾの国 おどろきの国

でも気になる国日本

中国人気ブロガー招へいプロジェクトチーム 編著
周藤由紀子 訳

誤解も偏見も一見にしかず！SNS大国・中国から来日したブロガーがネットユーザーに発信した「100％体験済み」の日本論。

A5判208頁 並製 定価2400円＋税
2017年刊 ISBN 978-4-86185-189-6

新中国に貢献した日本人たち

続編も好評です

中日関係史学会 編
武吉次朗 訳

元副総理・故後藤田正晴氏推薦!!
埋もれていた史実が初めて発掘された。登場人物たちの高い志と壮絶な生き様は、今の時代に生きる私たちへの叱咤激励でもある。
－後藤田正晴氏推薦文より

A5判454頁 並製 定価2800円＋税
2003年刊 ISBN 978-4-93149-057-4

好評発売中！　日中翻訳学院 受講生の訳書

第13次五カ年計画

胡鞍鋼 著
小森谷玲子 訳
1800円＋税
978-4-86185-222-0

中国発展のメカニズム

程天権 著
中西真 訳
2500円＋税
978-4-86185-143-8

中国出版産業データブック

国家新聞出版総局 著
井田綾、舩山明音 訳
2800円＋税
978-4-86185-180-3

新疆物語

王麒誠 著
本田朋子 訳
980円＋税
978-4-86185-179-7

中国発展報告 ―― 最新版

陳雨露 監修 袁衛、彭非 編著
平間初美 訳
3800円＋税
978-4-86185-178-0

人民元読本

陳雨露 著
森宣之 訳
2200円＋税
978-4-86185-147-6

大国の責任とは

金燦栄 著
本田朋子 訳
2500円＋税
978-4-86185-168-1

中国のグリーン・ニューディール

胡鞍鋼 著
石垣優子、佐鳥玲子 訳
2300円＋税
978-4-86185-134-6

中国の未来（受講生訳書第一号）

金燦栄 等 著
東滋子 訳
1900円＋税
978-4-86185-139-1

第1巻 一角札の冒険

小室あかね 訳
978-4-86185-190-2

第2巻 少年音楽物語

藤村とも恵 訳
978-4-86185-193-3

第3巻 博士と幽霊

柳川悟子 訳
978-4-86185-195-7

第4巻 小さなぼくの日記

東滋子 訳
978-4-86185-192-6

第5巻 わが子たちへ

藤村とも恵 訳
978-4-86185-194-0

第6巻 少年美術物語

舩山明音 訳
978-4-86185-232-9

第7巻 中学生小品

黒金祥一 訳
978-4-86185-191-9

『源氏物語』翻訳などで知られる 豊子愷《ほうしがい》児童文学全集（全7巻 各1500円＋税）海老名香葉子さん推薦

日中翻訳学院のご案内

http://fanyi.duan.jp

日本僑報社は2008年9月、北京オリンピックを支援する勉強会を母体に、日中の出版交流を促進するため、「日中翻訳学院」を設立しました。

「日中翻訳学院」は、「出版翻訳」の第一線で活躍したい人々の夢を実現する場です。「日文中訳」や「中文日訳」のコースを設け、厳選された文芸作品、学術書、ビジネス書などのオリジナル教材を使って、高度な表現力を磨き、洗練された訳文を実現します。

当学院の学習者と修了生には、日本僑報社の翻訳人材データバンクへの無料登録に加え、翻訳、監訳の仕事が優先的に紹介されるという特典があります。自ら出版、翻訳事業を手がける日本僑報社が設立した当学院だからこそ、「学び」が「仕事」につながるというメリットがあります。

実績豊富な一流の講師陣が揃い、一人ひとりに対応した丁寧な指導で、着実なステップアップを図ります。メールによる的確な添削指導を行う通信講座のほか、スクーリングでは、それぞれのキャリアや得意分野を持つ他の受講生との交流や情報交換がモチベーションを向上させ、将来の仕事に生きる人脈も築かれます。

中国の翻訳界と友好関係にあり、実力養成の機会や活躍の場がますます広がっています。